一天一则 名言警句

社会卷

主　　编：夫　子
编　　委：范　丽　何朝辉　雷　蕾　刘　慧
刘　佳　毛　恋　孙　娟　唐玉芝
邱鼎淞　王　惠　吴　翩　向丽琴
晏成立　阳　倩　叶琴琴　曾婷婷
张朝伟　钟　鑫　周方艳　周晓娟

山东教育出版社
·济南·

图书在版编目（CIP）数据

一天一则名言警句 . 社会卷 / 夫子主编 . — 济南 : 山东教育出版社 , 2023.2

ISBN 978-7-5701-2447-3

Ⅰ . ①一… Ⅱ . ①夫… Ⅲ . ①格言—汇编—中国—古代②警句—汇编—中国—古代 Ⅳ . ① H136.3

中国版本图书馆 CIP 数据核字 (2022) 第 245555 号

YI TIAN YI ZE MINGYAN JINGJU　SHEHUI JUAN

一天一则名言警句　社会卷　　夫子　主编

主管单位：山东出版传媒股份有限公司
出版发行：山东教育出版社
地址：济南市市中区二环南路 2066 号 4 区 1 号
邮编：250003　电话：（0531）82092660
网址：www.sjs.com.cn
印　　刷：济南鲁艺彩印有限公司
版　　次：2023 年 2 月第 1 版
印　　次：2023 年 2 月第 1 次印刷
开　　本：720 mm × 1020 mm　1/16
印　　张：10
印　　数：1—10000
字　　数：180 千
定　　价：36.00 元

目录

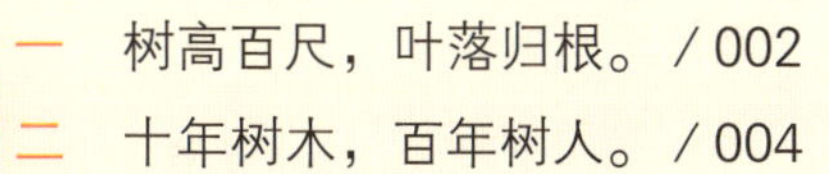

社会卷

shù gāo bǎi chǐ
树高百尺，
yè luò guī gēn
叶落归根。

/追本溯源/

常言道“树高千丈，叶落归根”，这小厮怕养不大。

——《新平妖传》

/品思解读/

“尺”是古代的长度单位，而百尺在这里用来形容树之高。树长得再高，树叶枯萎后还是会落到地上，回到根部，比喻所有的事物都有归宿。因此，那些客居异乡的人，常用这句话表达自己对故乡的无限思念。

/写作运用/

写作主题： 哲理　警世　归宿　故乡

写作示范： 故乡是一枚时间胶囊，里面装满了我们开心或难过的回忆；故乡是一座避风港，给予我们无限的安全感，让我们有勇气面对未知的挑战；故乡是一根长长的风筝线，时刻牵引着远在异乡的我们。树高百尺，叶落归根，无论我们身处何方，故乡始终是我们最牵挂的存在！

/落笔生花/

树高百尺，叶落归根。

/日有所得/

古代“三尺”意思多

在古代，“三尺”这个词出现的频率很高，含义也不尽相同。人们常说“举头三尺有神明”，这里的“三尺”指距离，相当于一米。除此之外它还可表示佩剑，这大概源自周朝的规定：最高级别的“上制”，其佩剑长三尺。而《滕王阁序》中“三尺微命，一介书生”的“三尺”，则指系在腰间的绅带。“三尺”还可指代法律，因为在纸发明以前，法律条文是刻在三尺竹简上的。

铜尺　［东汉］

shí nián shù mù, bǎi nián shù rén
十年树木，百年树人。

/追本溯源/

一年之计，莫如树谷；十年之计，莫如树木；终身之计，莫如树人。

——《管子》

/品思解读/

这里的“树”是栽种、培育的意思。十年的时间可以培育一棵树木，但培养人才则需要花上百年的时间。人才的培养是一个漫长且艰巨的工程，只有重视对人才的培育，才能使文明得到更好的延续。我们中小学生也要增强主动性，认真学习科学文化知识，争取早日成材。

/写作运用/

写作主题： 积累　警世　人才　教育

写作示范： 爷爷是一名优秀的人民教师，在他的执教生涯中，他从不惩罚犯错的学生，而是耐心地引导他们认识、改正错误。十年树木，百年树人，爷爷教给学生的不仅只是书本上的知识，更是做人的道理！

/落笔生花/

十年树木，百年树人。

/日有所得/

《管子》

《管子》是先秦时期的一部著作，书中最核心的内容是管仲的思想。除此之外，我们可以在《管子》一书中看到先秦时期各学派的言论，比如儒家、道家、阴阳家、法家等，甚至还有兵家和医家等学派的学说。《管子》被称作“百科全书”式的巨著，也是学者研究中国古代特别是先秦学术文化思想的重要典籍。

《大树风号图》　［明］项圣谟

bù yǐ guī jǔ
不以规矩，
bù néng chéng fāng yuán
不能成方圆。

/追本溯源/

离娄之明，公输子之巧，不以规矩，不能成方圆。

——《孟子》

/品思解读/

规和矩分别是古代画圆形和方形的工具。不使用圆规和矩尺，就不能准确地画出圆形和方形；而社会一旦缺失了法规的约束，就会陷入混乱。这句话借用圆规和矩尺的例子，来强调规则和礼法的重要。我们每个人都要遵纪守法，努力维护社会的和谐与稳定。

/写作运用/

写作主题：规则　警世　成长

写作示范：火车的稳定行驶少不了轨道的约束，飞机的有序飞行离不开航线的规划。同样，人与人和谐的交往也离不开法律的制约。不以规矩，不能成方圆，规则规范着人们的行为，维护着每个人的权益，使人们能够和谐共处。

/落笔生花/

不以规矩，不能成方圆。

/日有所得/

古代的规和矩

在古代，规的结构大致是两个平行的“脚”，其中一个脚作为圆心固定不动，再转动另一个脚，从而画出圆形。而矩是由两个边构成的一个直角，由于其外形像一把直尺在中间部位折了个角，所以又被叫作曲尺。汉代以前，矩的两边是等长的。而汉代以后的矩，曲尺的两边一长一短，更便于持握。它还加上了刻度，后来逐渐演变成测算工具。

方圆墨　［明］

rén xīn qí
人心齐，
tài shān yí
泰山移。

/追本溯源/

人心齐，泰山移；独脚难行，孤掌难鸣。

——民间俗语

/品思解读/

只要人们心往一处想，劲往一处使，共同努力，就能迸发出足以移动泰山的巨大力量。这一句话强调的是团结的重要性。团结协作是事业成功的基础，只有把个人的愿望和团队的目标相结合，才能产生“一加一大于二”的效果。

/写作运用/

写作主题： 团结　集体　和谐

写作示范： 西楚霸王项羽因为太过自傲，不听从下属的意见，不能善用人才，落得自刎乌江的结局。而出身农家的刘邦却深知“人心齐，泰山移”的道理，广纳贤才，最终夺得了天下，成为汉朝开国君主。

/落笔生花/

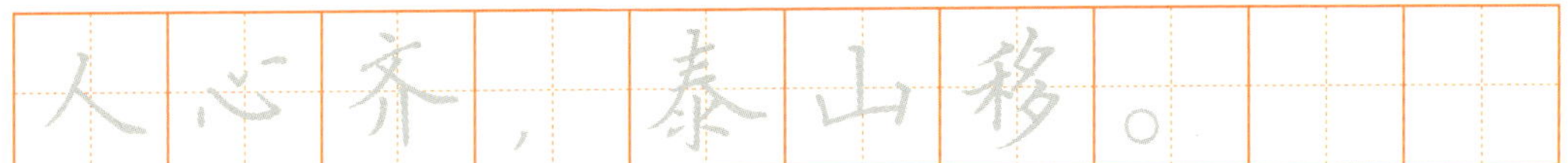

/日有所得/

泰 山

泰山，又名岱山，为五岳之首，位于山东省。在古代，泰山被视为“直通帝座”之地，有不少帝王亲登泰山封禅或祭祀，流传着“泰山安，四海皆安”的说法。除帝王之外，历代文人雅士也喜欢来这里游历。他们留下许多诗文佳作，例如千古名句“会当凌绝顶，一览众山小”描绘的就是泰山。

《康熙南巡图卷三之济南至泰山》（局部） ［清］王翚

èr rén tóng xīn
二人同心，
qí lì duàn jīn
其利断金。

/追本溯源/

二人同心，其利断金；同心之言，其臭如兰。

——《周易》

/品思解读/

这里的“金”并不是黄金的意思，而是指金属。只要两个人心意相通，同心协力，他们的力量就可以像锋利的刀截断金属一样。这里是用比喻的手法将团结的力量比作刀，体现了团结的力量之大。在平时的学习生活中，我们也要与同学互相帮助，一起进步。

/写作运用/

写作主题： 团结　集体　合作

写作示范： 树木相依偎而成为森林，星辰相辉映而成为银河。二人同心，其利断金，一个人的力量是非常薄弱的，我们要树立集体主义观念。在学习遇到困难时，不要钻牛角尖，而应主动向别人请教；在集体中生活，我们应学会理解和包容，携手协作，共同成长。

/落笔生花/

二人同心，其利断金。

/日有所得/

古代的“金”到底指什么？

我们现在所说的“金”，一般是指黄金，但在古代，“金”在不同时期有着不同的含义。春秋战国以前，“金”多指青铜。《战国策》中描述苏秦的“以季子之位尊而多金”一句，里面的“金”则指钱。除此之外，“金”还可以指金属。直到春秋战国后，“黄金”才与其他金属有了明显的区别；到了秦汉时，“金”“黄金”在多数情况下就是指现代的黄金。

《香实垂金图》（局部）　［宋］佚名

周亚夫执纪如山

周亚夫是汉朝功勋卓著的将军，以英勇善战、军纪严明著称。

有一次，汉文帝亲自犒劳军队。他先到达驻扎在灞上和棘门的军营，直接骑马进入营寨，将军和他的部下也都骑马前来迎接。接着文帝到达细柳的军营，只见将士们都身披铠甲，手执锋利的武器，拿着张满的弓弩，戒备森严。文帝的先驱队伍到了，想直接进去，营门口的卫兵不允许。

先驱领队说："天子就要到了！"把守营门的军门都尉说："将军有令，军队里只听将军的号令，不听其他指令。"过了一会儿，文帝也到了，仍然不被允许进入军营。于是文帝派使者持符节诏告将军："我想进入军营慰劳军队。"周亚夫这才传达命令，打开军营大门。

守卫营门的军官对他们说："将军有规定，在军营内不许策马奔驰。"于是文帝的车队只好拉住缰绳，慢慢前行。

一进军营，周亚夫手执兵器对文帝行礼说："穿戴盔甲之将不行跪拜礼，请允许我以军礼参见陛下。"文帝十分感动，表情也变得庄重，他扶着车前的横木，派人致意说："皇帝敬劳将军！"等到完成仪式后才离去。

出了营门，文帝感叹地说："唉！这才是真正的将军！前面我到达的灞上和棘门的军营，他们的军纪就像儿戏一般。万一敌人偷袭，轻易就能把他们俘虏。至于周亚夫，谁又能够冒犯他呢？"

学以致用

一、选出可以用“三尺”表示其意思的图片。

二、请把下列诗句和相应的山名连起来。

潜光隐嵩岳，炼魄栖云幄。	泰山
万乘华山下，千岩云汉中。	嵩山
东南倚盖卑，维岳资柱石。	华山
会当凌绝顶，一览众山小。	衡山

三、你知道下列工具的古代名称和它们的主要功能吗？

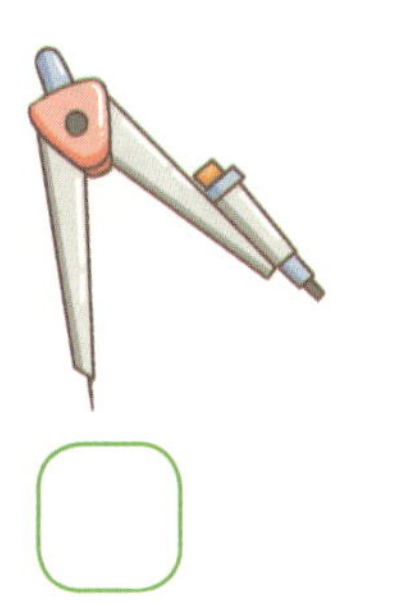

功能：________ 功能：________

sān gè chòu pí jiàng
三个臭皮匠，
dǐng gè zhū gě liàng
顶个诸葛亮。

/追本溯源/

三个臭皮匠，顶个诸葛亮。

——民间俗语

/品思解读/

三个才能平庸的人，若能同心协力，集思广益，也能提出比诸葛亮还周全的计策。诸葛亮也不是不可企及的“天才”，众人协力的聪明才智能够超过他。如今这句话经常被用来比喻人多智慧大。

/写作运用/

写作主题：团结　智慧　集思广益

写作示范：在人生的旅途中，不必一味高看他人，低估自己。三个臭皮匠，顶个诸葛亮，哪怕是如诸葛亮那样神机妙算的人，也并非是不可企及的。只要我们开动脑筋，集思广益，多听取他人的意见，最后肯定能打开思路，解决问题。

/落笔生花/

三个臭皮匠，顶个诸葛亮。

/日有所得/

“三个臭皮匠”中的“皮匠”到底指谁？

一般来说，“皮匠”是指制作、修理皮革物品的人，包括鞋匠。那“三个臭皮匠，顶个诸葛亮”中的“皮匠”，指的是这类人吗？不是。诸葛亮是军事家，运筹帷幄，他的身边怎么会跟着修皮鞋的鞋匠呢？一般认为，这里的“皮匠”应该是“裨（pí）将”，是副将的意思。因为“皮匠”和“裨将”读音相同，传着传着就变成“皮匠”了。

《武侯高卧图》（局部）　［明］朱瞻基

dēng bù bō bú liàng
灯不拨不亮，
lǐ bú biàn bù míng
理不辩不明。

/追本溯源/

灯不拨不亮，理不辩不明。

——民间俗语

/品思解读/

这里的“灯”，指油灯，而“拨”则表示用细细的木棍拨；“辩”指辩论，“明”是领悟、明白。如果不用木棍拨灯芯，油灯就不会变得明亮；道理不经过辩论，也不会被人们领悟。现在经常用这句话比喻任何事物如果没有后天作用的加持，就很难持久。

/写作运用/

写作主题： 哲思　真理　辩论

写作示范： 在学习中，遇到不确定的内容，千万不要因为害怕被别人嘲笑就驻足不前，而应该勇敢地表达自己的观点。正所谓灯不拨不亮，理不辩不明，只有通过讨论，把道理说清楚、讲透彻，我们才能获得正确的认识、深刻的领悟。

/落笔生花/

灯不拨不亮，理不辩不明。

/日有所得/

古代油灯的发展

灯作为常见的照明用生活工具，有悠久的历史。早期的灯，构造类似陶制的盛食器，里面有油和灯芯；之后逐渐演变为上盘下座，中间以柱相连，成为油灯的基本造型。此后，由于铸造技术的提高，油灯在特定时代也被用作礼器，比如战国银首人形灯、西汉雁鱼灯和东汉铜人形吊灯等。

铜鎏金掐丝珐琅海晏河清烛台 ［清］

yǒu lǐ zǒu biàn tiān xià
有理走遍天下，
wú lǐ cùn bù nán xíng
无理寸步难行。

/追本溯源/

有理走遍天下，无理寸步难行。

——民间俗语

/品思解读/

有道理到哪儿都行得通，无理到哪儿都站不住脚。这句流传至今的俗语告诫我们，说话、做事都要讲道理，从事实出发，不能漫无边际地信口胡诌，强词夺理。只要我们是占理的那一方，就不怕对方胡搅蛮缠。

/写作运用/

写作主题： 警世　正义　价值取向

写作示范： 身在国外，我始终记着临行前爸爸“有理走遍天下，无理寸步难行”的教诲，无论做什么事都实事求是，以理为先。在目睹校园里的欺凌行为后，我没有选择沉默，而是勇敢地揭发霸凌者的恶行，因为我相信正义在人间。

/落笔生花/

有理走遍天下，无理寸步难行。

/日有所得/

古代的“出租车”——长车

随着社会的发展，我们出行越来越便捷。比如说，你想去哪里，在路边一招手，出租车就来了。但你知道吗？在古代其实也有“出租车”！宋朝就有一种出租马车，名为“长车”，长方形，车顶有盖遮挡，车四周有帷幔，车内最多可以容纳六个人。这种车的租赁费用可以按租用的时辰算，也可以按天计算。

《盘车图》（局部）　［宋］江参

yì shí qiáng ruò zài yú lì
一时强弱在于力，
wàn gǔ shèng fù zài yú lǐ
万古胜负在于理。

/追本溯源/

天下之事，理胜力为常，力胜理为变。王命所在，理所萃也。一时之强弱在力，千古之胜负在理。

——《东周列国志》

/品思解读/

短时间的强弱可能与力气的大小有关，最终的胜负还得看是否有理。在我们平时的生活中少不了人际交往，作为接受过教育的学生，我们要学会理性地去看待、解决交往过程中的矛盾和冲突，做到以理服人，从而构建一个和谐稳定的人际圈。

/写作运用/

写作主题：输赢　人生　人际关系

写作示范：不必羡慕他们一时的顺遂与得意，要知道，一时强弱在于力，万古胜负在于理。纵观古今，那些以权谋私的人，大多没有什么好下场。因为正义可能会迟到，但绝不会缺席！

/落笔生花/

一时强弱在于力，万古胜负在于理。

/日有所得/

“万古”意思多

“万古”有许多含义，比如我们常用“万古长青”来表达我们对友谊的祝愿，希望友谊能够像松柏一样永远保持青翠。在杜甫的《戏为六绝句》中，有一句“尔曹身与名俱灭，不废江河万古流”这里的“万古”表示万世、万代、世世代代，形容年代的久远。“万古”还可以与“千古”一样，作为表示死亡的婉辞，唐代裴羽仙就曾在《哭夫二首》中写道：“从此不归成万古，空留贱妾怨黄昏。”

《万壑松风图》 ［明］文伯仁

yǎn jiàn wéi shí
眼见为实，
ěr tīng wéi xū
耳听为虚。

/追本溯源/

夫耳闻之不如目见之，目见之不如足践之，足践之不如手辨之。人始入官，如入晦室，久而愈明，明乃治，治乃行。

——《说苑》

/品思解读/

眼睛看见的才是真实的，耳朵听到的不一定是事实。刘向在书中用这一句话，说明亲眼看到的往往要比听说的更加真实可靠。这句话也告诫世人不要轻信传闻，要用质疑的态度去对待道听途说的消息。

/写作运用/

写作主题：道理　警世　实事求是

写作示范：在人际交往中，不要仅凭别人的评价就给刚认识的人下定义。眼见为实，耳听为虚，我们只有与之相处，通过言行举止真正了解对方之后，才能判断对方的品行。

/落笔生花/

眼见为实，耳听为虚。

/日有所得/

古代的“经典”谣言

如今，互联网上信息庞杂，掺杂了许多不知真假的言论，如不加辨识，我们可能就会被谣言误导，造成不必要的损失。在古代，人们也通过一个个的例子说明谣言所带来的危害，告诫我们谣言不可信。例如，“三人成虎”，庞恭因为在魏王面前接连被其他人诋毁，回国后就不再被魏王重用；“穿井得一人”，丁家打了一口井而节省了一个人的劳动力，结果传到国君那儿却变成了“丁家穿井得到了一个人”，国君还专门派人去了解情况。谣言会削弱彼此的信任，破坏人际关系。我们要理性地对待传闻，使谣言止于智者。

玉舞人佩 ［西汉］

以理服人

战国时期，孟子到各地游说，宣传他的仁道思想。当时，有人说靠武力照样可以称霸，根本不用讲仁道。孟子则认为：靠武力称霸必须要以国富民强为基础，是武力压服而非心悦诚服；而以仁道称霸，以理服人，则可以让人心悦诚服，使国力强大。

疾犬与狡兔

战国时期，齐、魏两国长期争战。有一次，齐威王又想讨伐魏国，淳于髡（kūn）却觉得此时伐魏对齐国不利，便想阻止此次交战。但他深知如果直接指出齐威王的错误，非但不能解决问题，还有可能刺激他更快地发动战争。

思忖之后，淳于髡给齐威王讲了一个故事："韩国的黑犬是四海之内跑得最快的狗，东郭的狡兔是天下最敏捷的兔子。韩国的黑犬追逐东郭的狡兔，围着山跑了三圈，翻越过五座山。兔子尽力往前跑，狗竭力在后面追，最终狗和兔子都因筋疲力尽而死亡。一个农夫见此情景，捡起它们，不费吹灰之力便有了一天的收获。"

看到齐威王若有所思的样子，淳于髡话题一转，接着说："如今，齐、魏两国实力相当，争执不下。长年的战争，使士兵们苦不堪言，百姓筋疲力尽，农耕不能按时进行，生活得不到保障。我担忧两国长期交战的结果，就会像那狗和兔一样，疲于奔命，双双死去，而那强大的秦国却来坐收渔翁之利。"齐威王觉得很有道理，就打消了伐魏的想法。

学以致用

一、判断下列说法是否正确。

1．“三个臭皮匠，顶个诸葛亮”中的“皮匠”原本指的是鞋匠。

( )

2．汉朝便有了出租车，名叫“长车”。 ( )

3．“穿井得一人”的故事中，丁家打了一口井，节省了一个人的劳动力，而不是真的得到了一个人。 ( )

二、淳于髡通过（ ）打消了齐威王攻打魏国的念头。

A．用刀威胁　　B．跪在地上恳求　　C．狗和兔的事例

三、根据本周所学的内容，猜猜下面的灯是什么时期的。

rén bù kě mào xiàng
人不可貌相，
hǎi shuǐ bù kě dǒu liáng
海水不可斗量。

/追本溯源/

“人不可貌相，海水不可斗量。”若爱丰姿者，如何捉得妖贼也？

——《西游记》

/品思解读/

我们不能只根据相貌和外表去判断一个人是否有才能，就如同海水是不可能用斗去衡量的。就算是《西游记》中的孙悟空，光看外表也根本看不出他的厉害之处。所以，识人要看内在，不要以貌取人，不要因为别人的相貌不佳就对其低估。

/写作运用/

写作主题： 外表与内涵　尊重　个人价值

写作示范： 我们与人相处时，不要因为别人相貌不佳就选择疏远他，也不要因为别人长得好看就无条件地相信他。古人云：人不可貌相，海水不可斗量。相比外表，我们更应该关注内涵，那些具有出众的才华、渊博的学识、善良的内心的人才值得我们学习。

/落笔生花/

人不可貌相，海水不可斗量。

/日有所得/

“斗”最初是用来干什么的呢？

最初的“斗”是一种盛酒的器具，后来又被用作计量粮食的工具。在古代粮食作为一种特殊商品，交租、纳税、买卖、易物、支付报酬时都能直接折算为货币使用。据载，春秋时期，有个叫田釐（xī）子的齐国大夫，在收取赋税时用小斗，贷给百姓粮食时则改用大斗。可见，当时各地的米斗，并没有统一的度量标准。直到秦代统一了度量衡，汉代又进一步将其制度化，十升为一斗、十斗为一石的标准才被固定下来。

《陶潜轶事图》（局部）　［明］佚名

此图讲述的是陶渊明（即陶潜）不为五斗米折腰的故事。

chǐ yǒu suǒ duǎn
尺有所短，
cùn yǒu suǒ cháng
寸有所长。

/追本溯源/

夫尺有所短，寸有所长，物有所不足，智有所不明，数有所不逮，神有所不通。

——《楚辞》

/品思解读/

尺和寸都是古代常用的长度单位，一尺等于十寸。虽然尺比寸长，但与更长的东西相比，尺就显得短了；寸比尺短，但与更短的东西相比，寸就显得长了。人无完人，每个人都有自己的长处，也有自己的短处，对此我们要以乐观的心态看待，多发挥自己的优势，弥补自己的不足。

/写作运用/

写作主题： 鼓励　乐观　人生哲理　优势与劣势

写作示范： 若想有所成就，就要认识到自己的优缺点，并用正确的态度加以对待。要知道“尺有所短，寸有所长”，我们应虚心请教比自己优秀的人，学习别人的长处来弥补自己的不足。

/落笔生花/

尺有所短，寸有所长。

/日有所得/

古代的尺寸知多少？

古代流传着“布指知寸，布手知尺”的说法，意思是“寸”的长度相当于人中指中节的长度，“尺”的长度相当于成年男性的手长。《汉书·律历志》记载：“度者，分、寸、尺、丈、引也，所以度长短也。”据载，汉代制定的汉代度量，寸的长度来自于五谷中的黍。取一颗中等大小的黍，黍的纵向长度为一分，十分一寸，十寸一尺，十尺一丈，十丈一引。除此之外，介于“尺”与“寸”之间的是“咫”。咫是指成年女性的手长，为周制八寸。古人用“咫尺”一词表示很短、很近，现在，我们也常用“近在咫尺”“咫尺之间”来形容距离很近。

雕象牙螭龙纹压尺 ［清］

jī bù kě shī
机不可失，
shí bú zài lái
时不再来。

/追本溯源/

夫功者难成而易败，时者难得而易失也。时乎时，不再来。

——《史记》

/品思解读/

机会和时间一样是不会等人的，你若是错过了这个机会，很可能再也遇不到同样的机会了。古人很早就意识到了这一点并加以记载，流传至今。在成长道路上，我们要好好珍惜每一次机遇，闯过每一个关口，不要等到机会失去后，才懊悔不已。

/写作运用/

写作主题：惜时　机遇　挑战

写作示范：人们常说“机不可失，时不再来”，父母之所以要求我们做事迅速果断，不要犹豫不决，是想让我们在这个快速发展的时代中学会抓住转瞬即逝的机遇，不要因为拖延而错失良机，留下遗憾。

/落笔生花/

机不可失，时不再来。

/日有所得/

司马迁忍辱负重写《史记》

《史记》在中国文学史上有着极高的地位，但《史记》却有着作者司马迁遭受侮辱的创作背景。因为替李陵辩解，太史令司马迁被汉武帝罚以宫刑，他的精神和肉体都受到了巨大的摧残。但为了完成《史记》，他废寝忘食地著书，并时时以历史上那些了不起的人物自我激励，而这些人传奇的人生经历和不朽的人格精神也被他一一记录在了书里。就这样，司马迁用14年的时间，以非凡的洞察力和常人难以企及的意志，终于完成了这部记载了上至黄帝时代，下至汉武帝太初四年（前101年）间约3000年历史的《史记》！

《史记君臣故事图》（局部）　［明］张宏

chā zhī háo lí
差之毫厘，
miù yǐ qiān lǐ
谬以千里。

/追本溯源/

《易》曰："君子慎始，差若豪氂，缪以千里。"此之谓也。

——《礼记》

/品思解读/

"豪"通"毫"，"氂"通"厘"，"缪"是"错误"的意思，后来更常用"谬"字。"毫"与"厘"是两个很小的计量单位，常用来形容极微小的数量。这句话的意思是开始时虽然差错很微小，但结果会造成很大的损失。自古以来，细节决定成败的例子数不胜数。我们平时说话、做事都要慎重，对待学习更是如此。想取得好的成绩，要时刻注意真正学懂弄通，不可粗心大意。

/写作运用/

写作主题：谨慎　细节　态度　人生哲理

写作示范：天下大事，必作于细。很多时候，细节决定成败。例如，做数学题的时候，一个小数点的错误就会让我们与正确答案失之交臂。正所谓"差之毫厘，谬以千里"，数学要想得高分，就要确保每一个环节准确无误。

/落笔生花/

差之毫厘，谬以千里。

/日有所得/

"四书五经"之一的《礼记》

《礼记》由西汉礼学家戴圣所编纂，亦称《小戴礼记》或《小戴记》，与《诗经》《尚书》《周易》《春秋》合称为"五经"。《礼记》中的一些篇章颇具文学价值。比如，有的用短小生动的故事阐明某一道理，有的气势磅礴、结构严谨，有的言简意赅、意味隽永，有的擅长心理描写和刻画。除此之外，书中还收录了大量富有哲理的格言、警句，如"大道之行也，天下为公""择师不可不慎也""学然后知不足"等。因此，《礼记》是一部关于先秦规章制度的书，也是一部重要的儒家经典著作。

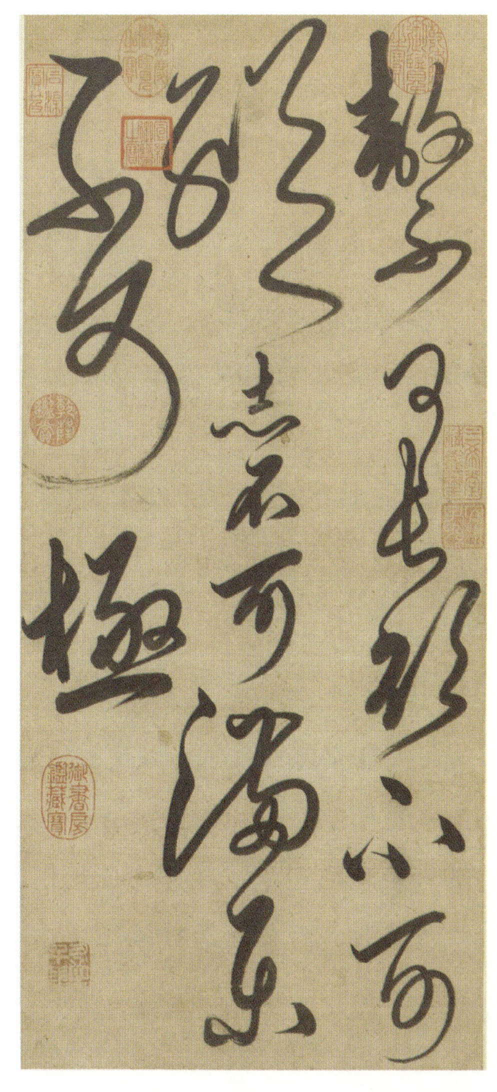

《节书曲礼四语》［元］佚名

shēng yú yōu huàn ér sǐ yú ān lè

生于忧患而死于安乐。

/追本溯源/

入则无法家拂士，出则无敌国外患者，国恒亡。然后知生于忧患，而死于安乐也。

——《孟子》

/品思解读/

恶劣的环境可以激发人的忧患意识，使其为了生存积极奋斗，最终强大起来；安逸的环境容易消磨人的意志，使人堕落，最终在安乐中灭亡。自古以来，一个人想要成就大事，就不能让自己的生活太过安逸。安逸的环境难以培养人克服困难、摆脱逆境的能力，而这些能力恰恰是成功所需要的。

/写作运用/

写作主题： 挫折　顺境与逆境　人生价值

写作示范： “生于忧患而死于安乐”是一个亘古不变的真理，这提示我们，在学习中，当我们取得好成绩的时候不要沾沾自喜，故步自封，而是要保持谦虚谨慎的态度，继续巩固自己的优势，让成绩更上一层楼。

/落笔生花/

生于忧患而死于安乐。

/日有所得/

孟子的“性善论”

人性本善，还是本恶？这是古今中外哲学家争论不休的一个话题。

孟子认为人的内心都有善良的土壤，本来是可以从这片土壤中长出好树木的，但如果使其处于一个不好的环境中，很容易就会被来自外界的一些诱惑所影响，从而无法长成挺拔的树木。孟子“人性本善”的观点，就是指人所具有的仁义礼智的道德品质，不是外界赋予的，而是来自人与生俱来的本性。至于人所具有的“恶”，则是因为后天恶劣环境和不良教育所产生的。在孟子看来，环境对人的影响非常大。

《谷丰安乐图》（局部）　［宋］李迪

孟母教子

孟子三岁的时候他父亲就去世了，养家的重担落到了孟母的肩上。一家的开销全靠孟母织布维持。尽管生活不易，孟母却非常重视儿子的教育。

童年的孟子十分贪玩，无心学习，孟母认为环境对一个人的影响非常大，便决定搬家。孟母先是搬到了郊外，但附近有一块墓地，所以经常有出殡、送葬的人群，孟子开始学那些大人上坟、扫墓。孟母决定再次搬家。这次孟母把家迁到了城里，距离集市很近，孟子又开始学着人家做买卖，读书很不专心。孟母觉得这样下去不是办法，又把家迁到了学宫附近。

孟子受到感染，也渐渐模仿别人，学习进退礼仪等学问。不久，孟母把孟子送进学校。孟子初到学校，学习兴趣特别浓，也非常用功，但没多久，他又开始整天玩耍。

有一天，孟子趁老师不注意，偷偷跑回了家。正在家中织布的孟母见孟子逃学回来，就抄起剪刀，“咔嚓”一声，把织布机上织成的布拦腰剪断了。她严厉地说：“这布匹断了还能重新接好吗？你不专心学习，半途而废，将来就会像这断了的布匹一样，没有出息！”

从此以后，孟子发奋学习，后来终于成为满腹经纶的大学者。

学以致用

一、判断下列人物是否属于《西游记》里面的角色。

二、判断下列说法是否正确。

1. 孟子被人们称为“亚圣”，他主张“性恶论”。（ ）
2. 《史记》被誉为“史家之绝唱，无韵之离骚”。（ ）
3. 古代的十尺为一分，十分为一寸，十寸为一丈。（ ）
4. 《西游记》《红楼梦》《水浒传》都属于中国古典文学四大名著。（ ）

三、试着以“尺有所短，寸有所长”为开头，写一段话。

shào nián zhì zé guó zhì
少年智则国智，
shào nián fù zé guó fù
少年富则国富，
shào nián qiáng zé guó qiáng
少年强则国强。

/追本溯源/

少年智则国智，少年富则国富，少年强则国强，少年独立则国独立，少年自由则国自由，少年进步则国进步。

——《少年中国说》

/品思解读/

少年聪明国家就会聪明，少年富裕国家就会富裕，少年强盛国家就会强盛。国家的繁荣昌盛与我们青少年息息相关，作为新时代的接班人，我们一定要早早确定自己的奋斗目标并为之努力！

/写作运用/

写作主题：志向　奋斗　爱国　人生价值

写作示范：少年智则国智，少年富则国富，少年强则国强，风好正是扬帆时，我们是被寄予厚望的接班人，祖国需要我们去建设，宏伟的蓝图也在等着我们去描绘。请祖国相信，新时代的幼苗定会挺立风雨中，茁壮成长！

/落笔生花/

少年智则国智，少年富则国富，少年强则国强。

/日有所得/

梁启超为什么写《少年中国说》呢?

1900年戊戌变法失败后，我们的国家处于内忧外患的境地，民族危机空前严重。忧国忧民的梁启超非常痛心，他想唤起国人的活力与朝气，从而改变国家的贫弱之状。所以，梁启超在《少年中国说》中极力歌颂少年的朝气蓬勃，热切盼望出现光辉灿烂的“少年中国”。他对肩负着建设“少年中国”重任的中国少年寄予了无限希望，鼓励他们努力奋斗，投入到改造中国的战斗中去。

《鸣蝉老少年图扇》 ［近现代］齐白石

gǒu lì guó jiā shēng sǐ yǐ
苟利国家生死以，
qǐ yīn huò fú bì qū zhī
岂因祸福避趋之。

/追本溯源/

力微任重久神疲，再竭衰庸定不支。
苟利国家生死以，岂因祸福避趋之。

——《赴戍登程口占示家人·其二》

/品思解读/

倘使有利于国家，我可以奉献生命，怎么能因为是祸就避开，是福就争取呢？尽管当时的林则徐因主张禁烟而被贬，但在与家人告别的诗中，他依旧坚持自己的立场。诗句将他的高尚品德和爱国情操展现得淋漓尽致，至今被广为传诵。

/写作运用/

写作主题：志向　爱国　贡献　人生价值

写作示范：在我们的历史上，从岳飞的精忠报国到文天祥的富贵不淫，从吉鸿昌的誓死抗日到杨靖宇的以身殉国，一代代英雄用他们“苟利国家生死以，岂因祸福避趋之”的爱国豪情感染着后世的人们，使爱国情怀世代绵延。

/落笔生花/

苟利国家生死以，岂因祸福避趋之。

/日有所得/

林则徐虎门销烟

清朝末年，由于鸦片的大量输入，国家经济遭受到了巨大的破坏，百姓的身心健康被严重毒害。禁烟行动已刻不容缓，在这样的背景下，林则徐于1839年以钦差大臣的身份赴广州禁烟。

到达广州后，他派人明察暗访，限定期限要求交出鸦片，并决定于虎门公开销烟。1839年6月3日，虎门销烟正式开始。虎门销烟增加了广大民众对鸦片危害性的认识，展现了中华民族反抗侵略的决心，也唤醒了中国人的爱国意识，激励着无数仁人志士投入到反侵略的队伍中。

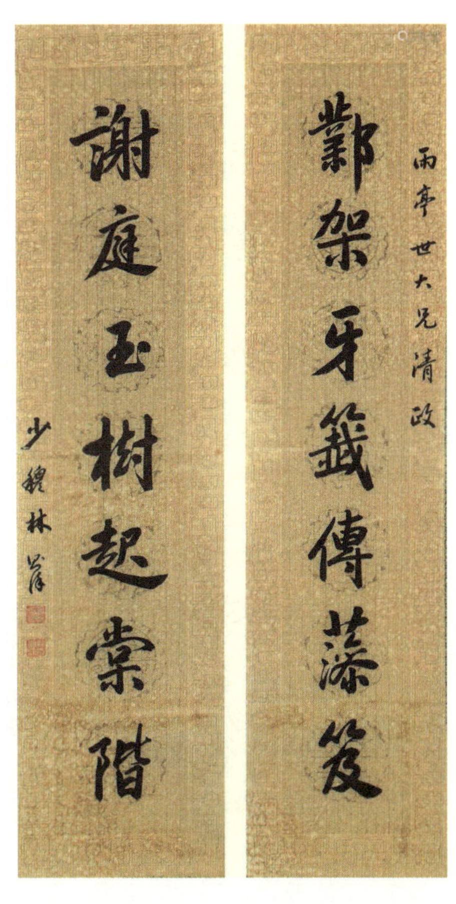

[清] 林则徐

jūn zǐ yù yú yì
君子喻于义，
xiǎo rén yù yú lì
小人喻于利。

/追本溯源/

子曰："君子喻于义，小人喻于利。"

——《论语》

/品思解读/

孔子认为品德高尚的人重视道义，舍利取义；普通人却只会追求个人的利益，甚至有的人还会舍义取利。这里的"义"指的是服从社会秩序的道德，而那些因为个人利益就破坏秩序、对社会安稳造成影响的人，就属于孔子所说的小人。

/写作运用/

写作主题：责任　奉献　选择　人生哲理

写作示范：中华民族历来讲求做人做事道义为先，孔子"君子喻于义，小人喻于利"的义利观念历来被世人所推崇。作为中华优秀传统文化的传承者，我们每个人都应该努力成为正直、高尚、有担当的义者。

/落笔生花/

君子喻于义，小人喻于利。

/日有所得/

《论语》中的“君子”与“小人”

“君子”和“小人”最初指的是贵族与平民，没有道德含义。随着时代变迁，二者的含义也开始发生变化。在中国，论述君子最多、最集中的当首推孔子。在记录孔子言行的《论语》中，君子和小人的内涵并不是固定不变的：有时是就地位而言，分别指统治者和百姓；有时是就品行而言，分别指高尚的人和普通的人。无论《论语》中的“小人”指的是哪一种，都不含有太重的贬义，和今天所说的“小人”有所区别。

《五君子图》（局部）　［清］张若霭

duō xíng bú yì
多行不义，
bì zì bì
必自毙。

/追本溯源/

多行不义，必自毙，子姑待之。

——《左传》

/品思解读/

“毙”的意思是死亡、失败。不义的事情干多了，必然会自取灭亡。在《左传》中，左丘明用共叔段恃宠作恶、自取灭亡的故事告诉我们，做事情的时候一定要遵纪守法，把握尺度，不要做出格的事。否则，终会付出应有的代价。这句话既是对坏人的警告，也是对好人的慰藉。

/写作运用/

写作主题：道德　修养　守法　人生哲理

写作示范：人不能做坏事，正所谓“多行不义，必自毙”，那些无视法纪、作恶多端的人，到头来只会自取灭亡。作为学生，我们应树立以遵纪守法为荣、以违法乱纪为耻的观念，做严于律己、有教养的人！

/落笔生花/

多	行	不	义	，	必	自	毙	。	

/日有所得/

春秋五霸

春秋时期，各诸侯国纷争不断，争做霸主，期间逐渐形成了具有代表性的五位霸主，史称“春秋五霸”。根据《史记》记载，“春秋五霸”分别是齐国国君齐桓公、宋国国君宋襄公、晋国国君晋文公、秦国国君秦穆公、楚国国君楚庄王，而齐桓公为五霸之首。“春秋五霸”是春秋时期特定阶段的历史产物，诸侯争霸也为之后战国时期的兼并统一打下了基础。

吐舌夔纹方甗（yǎn）　［春秋］

jū gōng jìn cuì
鞠躬尽瘁，
sǐ ér hòu yǐ
死而后已。

/追本溯源/

臣鞠躬尽力，死而后已；至于成败利钝，非臣之明所能逆睹也。

——《后出师表》

/品思解读/

“瘁”是劳累的意思。这是一位为了国家发展愿意奉献自我的志士所发出的感慨：只要国家需要，我就能不辞劳苦，贡献一切，到死为止。此人就是诸葛亮，他在《后出师表》中向君主刘禅表明自己愿意用生命来维护国家利益的决心，从中我们能感受到他对蜀汉政权的忠贞。

/写作运用/

写作主题： 奉献　爱国　敬业　人生价值

写作示范： 为了祖国的发展，许多人甘当无名英雄，隐姓埋名，默默奉献，其中有的人甚至还献出了宝贵的生命。奋斗是爱国最好的姿态。他们用自己的热血，谱写了一部鞠躬尽瘁、死而后已的壮丽史诗。

落笔生花

鞠躬尽瘁，死而后已。

日有所得

你了解诸葛亮吗?

诸葛亮是三国时期蜀汉的丞相，他是中国古代杰出的政治家、军事家、发明家、文学家。诸葛亮为官清廉，品行高洁，才学渊博，是一位治理国家的优秀人才，也是中国传统文化中忠臣与智者的代表人物。《三国演义》中许多著名事件都与他有关，如三顾茅庐、草船借箭、火烧赤壁等。其代表作《出师表》《诫子书》等也被世人所推崇。

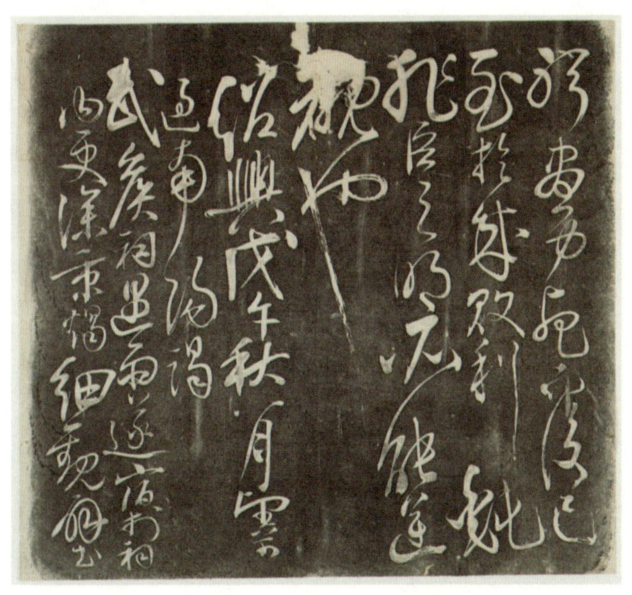

《后出师表》拓本（局部）

这是岳飞过南阳武侯祠时所书的《后出师表》，清代时由南阳知府请人刻于石上。

周恩来：为中华之崛起而读书

周恩来在少年时期离开故乡，前往沈阳的东关模范学校读书。有一天，魏校长亲自为学生上修身课，题目是“立命”。当时正是中国社会发生剧烈变动的时期，校长讲“立命”，就是给学生讲怎样立志。魏校长讲到精彩处突然停顿下来，问道：“你们为什么而读书？”当时，有人回答：“为家父而读书。”还有人回答：“为明理而读书。”而当时的周恩来却大声地回答：“为中华之崛起而读书！”魏校长赞叹道：“好哇！为中华之崛起，有志者当效此生！”那时周恩来年仅12岁。

无私奉献的李大钊

李大钊的奉献精神，体现在他的一举一动中。李大钊担任多所大学的教授，每月的收入都在200元以上，但他生活非常俭朴，从不坐黄包车去上班，午餐也总是自带的馒头或窝头。他把大部分的收入都用来发展党的事业和接济穷苦群众，后来蔡元培校长特意嘱咐会计室，每月把李大钊的一部分工资直接交给李大钊的夫人，才不至于让他们一家饿肚子。

李大钊的学生建议他多补充营养，但李大钊却说：“时下国难当头，众同胞食不果腹，衣不遮体。面对这种情况，怎忍只图个人享受，不思劳苦大众疾苦呢？”

李大钊先生为了民族发展奉献了自己的一生，是我们学习的榜样！

一、查查资料，看看下列关于梁启超的资料哪一项抄错了？（　　）

A. 梁启超，字卓如，号任公

B. 别号冰果室主人

C. 曾参与戊戌变法

D. 是近代著名的政治家与学者

二、把前后句子用线连起来。

苟利国家生死以	小人喻于利
多行不义	死而后已
鞠躬尽瘁	必自毙
君子喻于义	岂因祸福避趋之

三、梁启超曾说“少年智则国智，少年富则国富，少年强则国强”，作为一名学生，听完这句话，你有什么想对梁启超说的吗？

juān qū fù guó nàn
捐躯赴国难，
shì sǐ hū rú guī
视死忽如归。

/追本溯源/

弃身锋刃端，性命安可怀？父母且不顾，何言子与妻！

名在壮士籍，不得中顾私。捐躯赴国难，视死忽如归。

——《白马篇》

/品思解读/

英雄早已经忘掉了个人私利，为国家奋勇献身，把死亡看得像回家一样平常，令人敬佩。曹植在《白马篇》中塑造了一个武艺精熟的爱国壮士的形象，歌颂了为国献身、视死如归的高尚精神，表达了建功立业的理想抱负。

/写作运用/

写作主题： 爱国　信念　抱负

写作示范： 先烈们“捐躯赴国难，视死忽如归”的伟大精神令人敬佩，我们要时刻以他们为榜样，学习他们的爱国精神，并通过不断学习来提高自己，早日为国家建设贡献自己的力量。

/落笔生花/

捐躯赴国难，视死忽如归。

/日有所得/

才高八斗的曹植

曹植，字子建，曹操之子，三国时期著名的文学家。作为建安文学的代表人物之一与集大成者，他在书法、画论、诗、赋等领域都有所建树，其代表作有《洛神赋》《白马篇》《七哀诗》等。后人因其文学上的造诣而将他与曹操、曹丕合称为“三曹”，南北朝时期著名的山水诗人谢灵运也曾夸赞他“天下才有一石，曹子建独占八斗”。

宋摹《洛神赋图》（局部）　［宋］佚名

zǔ zōng jiāng tǔ, dāng yǐ sǐ shǒu, bù kě yǐ chǐ cùn yǔ rén
祖宗疆土，当以死守，不可以尺寸与人。

/追本溯源/

李邺使金议割地，纲奏：“祖宗疆土，当以死守，不可以尺寸与人。”

——《宋史》

/品思解读/

祖先们打下来的江山，应当拼死保卫，哪怕是一尺一寸的土地也不能让给他人。这是李纲听到对金朝割地求和的奏议后，上奏给宋钦宗的一句话。从这句话中，我们可以看出李纲对祖国山河的热爱，以及他那可贵的民族气节。我们也要像李纲所说的那样，守护好祖国的每一寸土地。

/写作运用/

写作主题： 奉献　爱国　家国情怀

写作示范： “祖宗疆土，当以死守，不可以尺寸与人”不仅仅是一句口号。战争年代，无数中华儿女抛头颅、洒热血，守护祖国的每一寸疆土；和平年代，一批批边防官兵延续中国军人的担当，用汗水抒写着“宁将鲜血流尽，不失国土一寸”的壮志！

/落笔生花/

祖	宗	疆	土	，	当	以	死	守	，
不	可	以	尺	寸	与	人	。		

/日有所得/

你了解“史”吗？

对过去事情的记载一般都称为“史”。历史也作为一门学科活跃在我们的学习生活中，现代许多事情的发展规律等都可以从历史中搜寻到答案。唐太宗就曾说过“以古为镜，可以知兴替”。我们平时接触较多的基本都是正史，多为史官记载。除了正史之外还有野史、杂史、稗史等，这些能让我们对历史有更全面的了解。

《江山万里图》（局部）　［宋］赵芾

wèi bēi wèi gǎn wàng yōu guó

位卑未敢忘忧国。

/追本溯源/

病骨支离纱帽宽，孤臣万里客江干。
位卑未敢忘忧国，事定犹须待阖棺。
天地神灵扶庙社，京华父老望和銮。
出师一表通今古，夜半挑灯更细看。

——《病起书怀·其一》

/品思解读/

虽然自己地位低微，但是从没有忘记忧国忧民的责任。陆游以自身为例告诉我们，在祖国利益面前，不分职位高低，每个人都要有为国奉献的决心！辉煌的中华文明之所以能够代代相传，靠的是默默付出的广大人民！

/写作运用/

写作主题： 爱国　敬业　责任　警世

写作示范： 有人勇敢逆行，奔赴前线，与病魔作斗争；有人毅然加入志愿者大军，协调各项繁杂的事务。他们并不是不害怕病魔，而是因为心中“位卑未敢忘忧国”的责任感，鼓舞着他们勇往直前。

/落笔生花/

位卑未敢忘忧国。

/日有所得/

走近陆游

陆游是南宋时期的爱国诗人，他自幼聪颖，十分擅长写诗作文。他年轻时参加进士考试，以优异的成绩夺得第一名，但因为受到秦桧的排挤，最终没能入仕。等到秦桧病逝，陆游终于踏上了自己的仕途，但之后又因为主张北伐，被皇帝罢了官，直到四年后才被朝廷重新征召。此后陆游经历了一段军旅生活，虽然只有短短八个月，却给他留下了难以磨灭的记忆，并影响了他之后的诗歌创作。在陆游的爱国诗歌中，有一首《示儿》流芳百世，表达了他哪怕临终之际，仍期待着有朝一日收复失地的心愿。

示　儿

死去元知万事空，
但悲不见九州同。
王师北定中原日，
家祭无忘告乃翁。

松荫图玉雕　［宋］

gǒu lì yú mín　bú bì fǎ gǔ
苟利于民，不必法古；
gǒu zhōu yú shì　bú bì xún jiù
苟周于事，不必循旧。

/追本溯源/

治国有常，而利民为本；政教有经，而令行为上。苟利于民，不必法古；苟周于事，不必循旧。

——《淮南子》

/品思解读/

这句话蕴含了拒绝墨守成规、鼓励变革的思想：只要对民生有好处，就不一定要效法古人的制度；只要有助于事情的成功，就不必沿袭旧有的规矩。“惟创新者进，惟创新者强，惟创新者胜”，我们要懂得与时俱进，不断创新，而不是一直守着老一套的错误观念。

/写作运用/

写作主题：改革　创新　传承

写作示范：随着人工智能的发展，人类的生活方式已经发生了越来越大的变化。创新不停步，如何在将来不被机器所取代，是我们每一个人都必须思考的问题。这需要我们有“苟利于民，不必法古；苟周于事，不必循旧”的决心和勇气。

落笔生花

苟利于民，不必法古；
苟周于事，不必循旧。

日有所得

你知道汉朝有哪些成就吗？

汉朝常常被视为中国文化的黄金时代，尤其是在科技和生活领域。在科技领域，东汉时期蔡伦改进了造纸术，张衡制成了世界上第一台能够预报地震的候风地动仪；在生活领域，张骞两次出使西域，开辟了中国与西方各国的陆地通道，史称“丝绸之路”，促进了中西方的贸易往来。除此之外，在文学领域，还有一些突破文章原有体制的名作，比如《归田赋》《述行赋》等，对之后唐宋时期的散文赋也产生了积极的影响。诸如此类的成就不胜枚举。汉朝作为中华历史上的一颗明珠，在悠久的历史长河中静静地散发着璀璨的光芒。

《丝路山水地图》（局部）　［明］佚名

qióng zé biàn　biàn zé tōng　tōng zé jiǔ
穷则变，变则通，通则久。

/追本溯源/

神农氏没，黄帝、尧、舜氏作，通其变，使民不倦；神而化之，使民宜之。《易》穷则变，变则通，通则久，是以“自天祐之，吉无不利”。

——《周易》

/品思解读/

事物发展到了极点，就要发生变化；发生了变化，才会使事物的发展不受阻塞，才能不断革新。这句话告诉我们为人处事要懂得变通，创新思路，打开新局面。如果我们学会了这种变通的技巧，又有什么事情是做不到的呢?

/写作运用/

写作主题：变通　改革　人生哲理

写作示范：我们在学习过程中应该抱有“穷则变，变则通，通则久”的理念，一旦遇到长时间解决不了的问题，就要试图改变思路，而不是继续钻牛角尖。学会了调整与变化，问题就可能得到解决。

/落笔生花/

穷	则	变	，	变	则	通	，	通	则
久	。								

/日有所得/

“穷”字的用法

“穷”是我们常用的汉字，读作qióng，它主要有以下几种意思：一是表示缺乏财物，二是表示处境恶劣，三是达到了极点的意思，四是表示完了。在“穷则变，变则通，通则久”这句话中，“穷”表示达到了极点。

祖辛尊 ［西周］

岳飞精忠报国的故事

岳飞是南宋时期的抗金名将。他自幼就敬仰关羽、张飞等英雄人物，憧憬着像他们一样，做出一番轰轰烈烈的事业。

岳飞生长在一个兵荒马乱的时代。他的母亲深知，在这种动荡不安的岁月里，年轻人应该练习武艺，以便投奔沙场，保疆卫国。因此，她便让岳飞拜当时武艺高强的周侗为师。

岳飞胸怀大志，对待练功从不懈怠。一天清晨，北风呼号，大雪纷飞。岳飞躺在床上想："功夫就要夏练三伏，冬练三九，若少时不努力，将来用什么报效国家？"他咬了咬牙，从床上一跃而起，穿衣提剑，迎着寒风走出屋子。天长日久，岳飞练就了一身好功夫。

南宋当权者腐败无能，对金战争节节败退。岳飞看到大好河山被金兵蹂躏，决定请缨奔赴前线。

岳母深明大义，为了勉励儿子安心报效祖国，她郑重地对岳飞说："娘知道你有报效国家的大志，不贪荣华，甘守清贫，这很难得。为了坚定你的志向，我要在你背上刺上'精忠报国'四个大字，让你永远记住这一誓言。"

说罢，母亲命他脱去衣衫，亲手在他背上刺了"精忠报国"，告诫他："你要时刻警醒，赤诚报国，临难不惧，至死不屈！"岳飞听着母亲的训诫，眼里噙满激动的泪水。

后来，岳飞以"精忠报国"为座右铭，英勇杀敌，立下赫赫战功，成为抗金名将。

学以致用

一、查查资料，将人名、朝代和作品对应起来。

人名	朝代	作品
刘　安	南宋	《白马篇》
陆　游	春秋	《病起书怀》
曹　植	三国	《后出师表》
诸葛亮	西汉	《淮南子》
左丘明		《左传》

二、请把下列句子补充完整。

1. ________未敢忘忧国。
2. 苟利于民，________；苟周于事，________。
3. ________，当以死守，不可以尺寸与人。
4. 捐躯赴国难，________。

三、你还知道哪些表达爱国之情的名言警句呢？请写出至少两句。

liè shì zhī ài guó yě rú jiā
烈士之爱国也如家。

/追本溯源/

烈士之爱国也如家，奉君也如亲，则不忠之事不为其罪矣；仁人之亲人也如己，待疏也犹密，则不恕之怨不为其责矣。

——《抱朴子》

/品思解读/

忠烈之士爱自己的国，就如同爱自己的家一样。作者葛洪生活在动荡不安的晋代，在他看来，人们应把国当作自己的家一样爱护。这种精神和感情是不分年代、不分国籍的，这是我们中华儿女与生俱来的爱国情怀，也是我们每个人对待祖国应有的态度。

/写作运用/

写作主题：爱国　奉献　信念

写作示范：老师经常教育我们，烈士之爱国也如家。有了强的国，才有富的家，国由千万个家构成，由无数个小我组成。每个人都是祖国不可或缺的一分子，是中华民族这个大家庭里面的一员。我们应该竭尽全力去爱护、建设我们的大家庭。

/落笔生花/

烈士之爱国也如家。

/日有所得/

动荡不安的晋朝

咸熙二年（公元265年），司马炎逼迫魏元帝禅位，随后正式登基称帝，灭魏立晋，史称西晋。晋惠帝时爆发“八王之乱”，历时十几年，西晋从此衰落，后灭亡。

西晋灭亡后，西晋宗室司马睿于建兴五年（公元317年）在建康（今江苏南京）建立东晋。东晋此时的军事实力已经被大大削弱，其内部更是四分五裂。西晋和东晋两个王朝加起来一共才155年。

《葛稚川移居图》 ［元］王蒙

tiān xià zhī běn zài guó　guó zhī běn zài jiā

天下之本在国，国之本在家，

jiā zhī běn zài shēn

家之本在身。

/追本溯源/

孟子曰："人有恒言，皆曰天下国家。天下之本在国，国之本在家，家之本在身。"

——《孟子》

/品思解读/

天下的基础是国，国的基础是家，家的基础是个人。孟子从宏观角度分析了个人、家、国、天下的关系，这四者并不是各自独立存在的，而是息息相关、相互影响。我们要为自己的理想努力奋斗，以天下为己任，把个人梦、家庭梦、国家梦结合在一起。

/写作运用/

写作主题： 奋斗　勤学　爱国　人生价值

写作示范： 正所谓"天下之本在国，国之本在家，家之本在身"，爱国不能只是一句口号，而是发自内心的情感。我们每个人都要行动起来，努力学好科学文化知识，以涓滴之水汇聚成时代洪流，为祖国的发展贡献属于自己的一分力量。

|落笔生花|

天	下	之	本	在	国	，	国	之	本
在	家	，	家	之	本	在	身	。	

|日有所得|

古人如何称呼自己的“家”？

古人与他人交往时为表尊敬，大都会使用谦辞，最常见的就是称自己为“鄙人”“小可”。那他们如何谦称自己的家呢？对家的谦称比较常见的有三种：第一种称为“寒舍”，这种说法也一直沿用到现在，我们时常能听到“今天寒舍真是蓬荜生辉”的说法；第二种是“敝庐”，陶渊明经常用这一说法来形容自己的家；第三种说法是“舍下”，鲁迅先生就曾在他的书信中写道“舍下如常，可释远念”。

《村舍怡丰卷》（局部）　［清］弘旿

bǎo tiān xià zhě
保天下者，
pǐ fū zhī jiàn yǔ yǒu zé yān ěr yǐ
匹夫之贱与有责焉耳矣。

/追本溯源/

保国者，其君其臣，肉食者谋之；保天下者，匹夫之贱，与有责焉耳矣。

——《日知录》

/品思解读/

保护一个国家政权不被倾覆，是帝王将相和文武大臣的职责，而保护天下安定，即便是普通百姓也有义不容辞的责任。这句话传达出一种民族责任感和历史使命感。每个人都应为社会的和谐安稳和民族复兴作出自己的贡献，绝不能为了一己私利肆意妄为。

/写作运用/

写作主题： 责任　爱国　抱负　人生价值

写作示范： 保天下者，匹夫之贱与有责焉耳矣。面对危难挺身而出，利国利民，恪尽职守，这是仁人志士薪火相传的精神财富，也是中华儿女生生不息的精神动力。

|落笔生花|

保天下者，匹夫之贱与有责焉耳矣。

|日有所得|

匹　夫

在古文中，我们经常会看到“匹夫”一词，诸如“匹夫之勇”“匹夫无罪，怀璧其罪”等。“匹夫”一词一般泛指平民百姓。除此之外，“匹夫”还有三种含义。一是指有勇无谋的人，含有轻蔑意味，如冯梦龙在《东周列国志》中就有写道“匹夫出言不逊”；二是指平常的人；三是用来称呼无知无识的人，如《三国演义》中写道“匹夫休得逞强”。在阅读过程中，我们要结合语境来确定其含义。

《天下名山图》（局部）　［南北朝］顾野王

luò hóng bú shì wú qíng wù
落红不是无情物，
huà zuò chūn ní gèng hù huā
化作春泥更护花。

/追本溯源/

浩荡离愁白日斜，吟鞭东指即天涯。

落红不是无情物，化作春泥更护花。

——《己亥杂诗》

/品思解读/

落红，本指脱离花枝的花，诗人却说它并不是没有感情的东西，它甘愿化作春泥，培育美丽的春花成长。龚自珍借用陆游的那句“零落成泥碾作尘，只有香如故”，以落花来比喻自己，表明自己虽脱离官场，但依然关心着国家的命运，不忘报国之志。

/写作运用/

写作主题： 爱国　抱负　生命

写作示范： 老师像淅淅沥沥的春雨，用点点滴滴的知识滋润我们的心田；老师像那飘落的花瓣，向我们诠释着“落红不是无情物，化作春泥更护花”的真谛。

/落笔生花/

落红不是无情物，化作春泥更护花。

/日有所得/

诗句中的“落花”

花是美丽的代表，是柔情的象征。古代诗人描写落花，一般分为两种。一种是把落花作为自然景物描写，塑造优美的意象、意境，如刘昚（shèn）虚的“时有落花至，远随流水香”。另一种是借落花来抒发情感，表达诸如欢快、惋惜、思念、惆怅等情绪，如李煜的“流水落花春去也，天上人间”，把自己面对国破家亡时无可奈何的心情表现得淋漓尽致。

《落花游鱼图卷》（局部）　［宋］刘寀（cǎi）

shān chóng shuǐ fù yí wú lù
山重水复疑无路，
liǔ àn huā míng yòu yì cūn
柳暗花明又一村。

/追本溯源/

莫笑农家腊酒浑，丰年留客足鸡豚。山重水复疑无路，柳暗花明又一村。箫鼓追随春社近，衣冠简朴古风存。从今若许闲乘月，拄杖无时夜叩门。

——《游山西村》

/品思解读/

山峦重叠，水流曲折，正担心无路可走，突然看见前方绿柳成荫，繁花似锦，一个小山村就隐在其中。面对绝境，只要坚定信念，永不退缩，人生就能“绝处逢生”，走向充满光明与希望的未来。

/写作运用/

写作主题：坚持　信念　挫折　理想

写作示范：人生并不是一帆风顺的，在成长过程中我们会遇到艰难险阻，甚至可能陷入绝境，但我们应该明白：山重水复疑无路，柳暗花明又一村。坚持就不会被辜负，永不放弃，就一定能走出困境，走向人生新天地。

/落笔生花/

山重水复疑无路，柳暗花明又一村。

/日有所得/

七言律诗

七言律诗，简称七律，是中国传统诗歌中的一种体裁。七律起源于南朝，在初唐时期进一步发展定型，真正使其走向成熟的关键人物一般认为是杜甫，他的《登高》被誉为“古今七言律诗之冠”。七律格律严密，要求诗句字数整齐划一。全诗共八句，每句七字，每两句为一联，共四联，分别是首联、颔联、颈联和尾联，中间两联要求对仗。除了杜甫的《登高》一诗外，历史上还有许多著名的七言律诗，如崔颢的《黄鹤楼》、李商隐的《锦瑟》等。

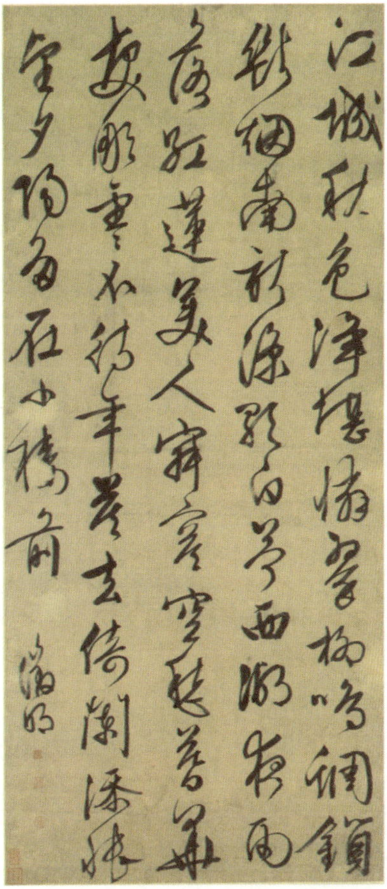

《新秋诗轴》　［明］文徵明

誓死不降的文天祥

文天祥是我国南宋时期的文学家、政治家。

德祐二年（1276年），元军在伯颜的率领下，南下攻宋，南宋朝廷无计可施，任命文天祥为右丞相，前去和伯颜谈判。文天祥见了伯颜后，义正词严地问他：“贵国是要与我国交好呢，还是要灭掉我国？”伯颜表示想交好，文天祥接着说：“既然如此，请你们向后撤百里，以表诚意，否则我们将以死相拼！”

伯颜被文天祥的态度惹怒了，干脆扣留了他。但在被押往北方的途中，文天祥带着随从连夜逃了出来，并很快找到自己人，投身到抗元斗争当中。然而他的力量毕竟有限，最后在祥兴元年（1278年）兵败被俘。即使成了俘虏，文天祥也没有屈从。被囚禁在船上过零丁洋的时候，他还创作了《过零丁洋》一诗，其中“人生自古谁无死，留取丹心照汗青”成为千古名句。

到了元大都后，元世祖忽必烈非常希望文天祥能够为自己所用，于是派了许多人去劝降。先是与文天祥资历相近的南宋降臣留梦炎，但文天祥的一句反问就让留梦炎羞愧难当。再是南宋宋恭帝，但文天祥看到曾经的天子都来劝自己投降，一时间悲从中来，泪如雨下，宋恭帝没办法，只能离开……

后来忽必烈亲自劝降文天祥，他表示文天祥如果愿意归顺，就让他当宰相，文天祥拒绝了。忽必烈知道文天祥无法被说服，只能下令把他处死。

刑场上，文天祥面色从容。他对监斩官说：“我的祖国在南方，我要面对南方而死！”说完，他整了整衣冠，朝南方拜了几拜，仰天长叹道：“我事已毕，心无悔矣！”

一、选出下列句子中“匹夫”所表示的意思。

A. 一个人，泛指平常人

B. 指无学识、无智谋的人

1. 匹夫出言不逊。（　　）

2. 保天下者，匹夫之贱与有责焉耳矣。（　　）

二、想象一下“落红不是无情物，化作春泥更护花”的画面，并用文字表达出来。

三、《游山西村》是宋代诗人陆游的一首诗。陆游是一位著名的爱国诗人，你还知道他的哪些诗？你觉得哪一首最能体现他的爱国情怀？

____

____

____

____

____

gù tiān jiāng jiàng dà rèn yú shì rén yě
故天将降大任于是人也，
bì xiān kǔ qí xīn zhì láo qí jīn gǔ
必先苦其心志，劳其筋骨。

/追本溯源/

故天将降大任于是人也，必先苦其心志，劳其筋骨，饿其体肤，空乏其身，行拂乱其所为，所以动心忍性，曾益其所不能。

——《孟子》

/品思解读/

上天要把重任降临在某人的身上，必定要先使他的内心痛苦，使他的筋骨劳累。孟子以舜、傅说、胶鬲、管夷吾、孙叔敖和百里奚六人的事例来论证逆境造就人才的道理，激励人们在面对困境时，要有耐心地坚持下去！

/写作运用/

写作主题： 忍耐　机遇　挫折　历练

写作示范： 古人说“故天将降大任于是人也，必先苦其心志，劳其筋骨”，在学习中碰到一些困难，不能因此就退缩，这其实只是上天在考验你是否具备成功的能力罢了。拼搏汇聚力量，汗水见证辉煌，面对困难，我们要有一往无前的勇气和毅力。

/落笔生花/

故	天	将	降	大	任	于	是	人	也，
必	先	苦	其	心	志	，	劳	其	筋
骨	。								

/日有所得/

百里奚为何被称为“五羖（gǔ）大夫”？

“羖”表示山羊或黑色的公羊。而大夫是官职名，在春秋时期有较高的实权。那百里奚为何被称为“五羖大夫”呢？

百里奚是春秋时期著名的政治家、思想家，饱读诗书，才学过人。为了实现自己的理想，他周游列国，期望入仕，然而辗转多国后，不仅没有成功，反而被俘虏，成了奴隶。好在百里奚博学多才的名气传到了惜才的秦穆公耳里，秦穆公就用五张黑公羊皮将百里奚从集市上买了回去。他最终凭借自己的才学成了秦国的名相，被世人称为“五羖大夫”。

《三羊开泰图》 ［明］朱瞻基

jūn zǐ yòng rén rú qì
君子用人如器，
gè qǔ suǒ cháng
各取所长。

/追本溯源/

上曰："君子用人如器，各取所长。古之致治者，岂借才于异代乎？正患己不能知，安可诬一世之人？"

——《资治通鉴》

/品思解读/

君子用人就像使用器物一样，要取其各自的长处——这是唐太宗对众大臣所说的话。在唐太宗看来，没有十全十美的人，每个人都有自己的优势。作为一名管理者，更应该学会发掘、利用下属的长处，而不是追求所谓的全才。

/写作运用/

写作主题：人才　鼓励　自信　长处与短处

写作示范：正如唐太宗所说"君子用人如器，各取所长"，一个人总会有优点、缺点。我们不必太过苛求自己，而是要学会发现自己的优点，扬长避短，知不足而奋进，这才是正确的成长之道。

/落笔生花/

君子用人如器，各取所长。

/日有所得/

唐太宗的用人之道

唐太宗不仅十分爱惜人才，而且善用人才。他在位期间，任用的文臣武将不胜枚举，著名的有魏征、尉迟敬德、房玄龄等。纵观太宗用人之道，可以归纳为以下三点。第一，知人善任。在研究国事的时候，唐太宗会让房玄龄和杜如晦两人一起，一个出计谋，一个做决断，即“房谋杜断”。第二，有容人之量。即使有大臣秉理直谏，他也不会生气，而是虚心接受。第三，对人以诚相待。他不使用计谋或权术来试探朝中大臣的忠奸，因为他觉得如果自己都不光明磊落，还怎么去要求自己的臣子们呢？

《十八学士图之画》 ［宋］佚名

李世民设立文学馆，收聘贤才，以杜如晦、房玄龄等十八人并为学士，称为“十八学士”。

ān dé guǎng shà qiān wàn jiān
安得广厦千万间，
dà bì tiān xià hán shì jù huān yán
大庇天下寒士俱欢颜！

/追本溯源/

安得广厦千万间，大庇天下寒士俱欢颜！风雨不动安如山。呜呼！何时眼前突兀见此屋，吾庐独破受冻死亦足！

——《茅屋为秋风所破歌》

/品思解读/

怎么才能得到千万间宽敞高大的房子，为天下贫寒的士人们提供庇护，让他们个个都开颜欢笑！这是杜甫推己及人，所发出的热切期望，也让我们感受到了战乱年代百姓生活的不易。因此，我们要更加珍惜今天安定幸福的生活和学习环境。

/写作运用/

写作主题：志向　气节　理想

写作示范：读了《茅屋为秋风所破歌》后，我特别敬佩杜甫“安得广厦千万间，大庇天下寒士俱欢颜”的崇高品质和博大胸襟。诗品源于人品，仁心辉映诗心。他虽然被命运一次次碾压，被苦难逼到绝境，但依然用赤诚之心关爱他人，热爱百姓。

/落笔生花/

安得广厦千万间，大庇天下寒士俱欢颜！

/日有所得/

你知道杜甫草堂吗？

“杜甫草堂”是唐代大诗人杜甫流寓成都时的居所，位于今四川省成都市。杜甫曾携家眷在草堂居住近四年，其间创作诗歌240余首，在他离开成都后，草堂便倾毁不存。后来，唐末诗人韦庄寻得草堂遗址，重结茅屋，之后又经过多次修葺、扩建。

《草堂图》　［清］佚名

和者，无乖戾之心；同者，有阿比之意。

hé zhě wú guāi lì zhī xīn；tóng zhě yǒu ē bǐ zhī yì

/追本溯源/

子曰："君子和而不同，小人同而不和。"和者，无乖戾之心。同者，有阿比之意。

——《四书章句集注》

/品思解读/

这里的"和"和"同"是相对的概念，"同"特指"小人"不辨是非曲直的偏袒、勾结，而"和"则指"君子"能包容他人的和顺、宽厚。这句话与孔子"和而不同"的理念相一致，我们也应当在与人相处时，不盲从附和。

/写作运用/

写作主题：和而不同　和谐　处世之道

写作示范：在与人相处时，一定要谨记"和者，无乖戾之心；同者，有阿比之意"的原则，勇于表达自己的想法，不盲目附和他人，同时要学会兼容不同意见，成为一名"和者"。

/落笔生花/

和者，无乖戾之心；同者，有阿比之意。

/日有所得/

《四书章句集注》

“集注”这类书汇集前人对某书的注释，有时还会附上编者自己的见解。《四书章句集注》就是“四书”重要的注本。“四书”分别是《大学》《中庸》《论语》《孟子》，前两本书的注释称为“章句”，后两本书的注释称为“集注”。《四书章句集注》作为理学的重要著作，受到了封建统治者的推崇，特别是明清以后，科举制度均以《四书章句集注》作为科举考试的“题库”，所有答卷的观点均不可违背其中的说法。

龙泉窑青瓷纸槌瓶 ［宋］

qiān lǐ mǎ cháng yǒu

千里马常有，

ér bó lè bù cháng yǒu

而伯乐不常有。

/追本溯源/

世有伯乐，然后有千里马。千里马常有，而伯乐不常有。

——《杂说（四）》

/品思解读/

“千里马”是指有才学的人，而“伯乐”就是能发现“千里马”的人。人才常有，但是能发现人才的人并不多。韩愈初入仕途时，虽有一腔热血与满腹才干，却不受重用，只能每日奔走求人。一再受挫之下，作了这篇《杂说（四）》来抒发自己怀才不遇的感慨。

/写作运用/

写作主题： 人才　警世　赏识

写作示范： 千里马常有，而伯乐不常有，人才若是始终得不到赏识，最终也只会泯然于众人。作为有抱负的青少年，要想实现自己的理想，就得主动争取机会。尤其是在现在这个时代，我们更要积极地展示自己，从而增加自己被选择的可能！

/落笔生花/

千里马常有，而伯乐不常有。

/日有所得/

千里马真的能日行千里吗？

在古代，确实有日行千里的马，但当时的“千里”跟现在所说的“千里”并不一样。根据周朝的典籍记载，那时的“里”仅仅相当于现在的290多米，接近300米，也就是说当时的“千里”相当于现在的300公里。因此，如果一匹马每小时能够奔跑20~25公里，并一天跑上12~15小时，它就可以称得上是千里马了。

《人骑图》（局部）　［元］赵孟頫

伯乐相马

在古代传说中，天上管理马匹的神仙叫伯乐。春秋时期，有个叫孙阳的人十分擅长鉴别马的优劣，人们就称他为伯乐。

有一次，伯乐受楚王的委托去购买骏马。他跑了好几个国家，但一直没找到。一天，伯乐在路上看到一匹拉着盐车的马，正吃力地在陡坡上行进。伯乐不由自主地走了过去，马突然昂起头来，大声嘶鸣，好像要对伯乐倾诉什么。伯乐从声音判断出，这是一匹难得的骏马，便对驾车的人说："这匹马在疆场上驰骋，任何马都比不过它，但用来拉车，它却不如普通的马。你还是把它卖给我吧。"

驾车人觉得很划算，想也没想就同意了。伯乐牵着马来到楚王宫，拍了拍马的脖颈，说："我给你找到了好主人。"千里马好像听得懂一样，抬起前蹄，仰起脑袋发出洪亮的声音。楚王听到声音后走了出来，看到马很瘦，认为伯乐在愚弄他，就不高兴地说："我相信你会看马，才让你买马。可你买的是什么马呀，看起来连走路都很困难，能上战场吗？"

伯乐说："这确实是匹千里马，不过拉了一段时间的车，加上喂养得不精心，所以看起来很瘦。只要精心喂养，不出半个月，它一定会恢复体力。"

楚王听后，将信将疑，但还是命马夫精心喂养这匹马。果然，不久后这匹马变得精壮神骏。楚王跨马扬鞭，只觉得两耳生风，似乎只是喘息的功夫，已跑出百里之外。

后来，千里马为楚王驰骋沙场立下不少功劳，楚王也对伯乐更加敬重了。

学以致用

一、选择合适的选项填入括号中。

1. （　　）被称为“诗三百”。

2. （　　）是我国最早的编年体史书。

3. （　　）提出了“三纲领”，分别是明明德、亲民、止于至善。

A. 《诗经》　　B. 《孟子》

C. 《春秋》　　D. 《大学》

二、杜甫是唐代著名现实主义诗人，下列哪些是对他的称呼？（　　）（多选）

A. 子美　　B. 少陵野老　　C. 青莲居士

D. 杜草堂　　E. 诗圣　　F. 诗佛

三、在古代文学作品中，千里马和伯乐一般分别代表什么？

jū miào táng zhī gāo zé yōu qí mín
居庙堂之高则忧其民，
chǔ jiāng hú zhī yuǎn zé yōu qí jūn
处江湖之远则忧其君。

/追本溯源/

不以物喜，不以己悲，居庙堂之高则忧其民，处江湖之远则忧其君。

——《岳阳楼记》

/品思解读/

这里的“庙堂”指的是朝廷。在朝廷里做高官就担忧百姓，处在僻远的江湖间也不能忘记关注国家安危。范仲淹将家国大义放在了第一位，就算遇到重重困难，他也不曾放弃自己的信念。他这种“以天下为己任”的责任感和使命感值得世人学习。

/写作运用/

写作主题：责任　志向　爱国　人生价值

写作示范：范仲淹“居庙堂之高则忧其民，处江湖之远则忧其君”的追求令人敬佩，作为学生的我们也应该学习这种精神。我们要行动起来，不负韶华，勤学知识，锤炼本领，成为国家的坚强捍卫者和美好生活的建设者。

/落笔生花/

居庙堂之高则忧其民，处江湖之远则忧其君。

/日有所得/

什么称为“庙堂”？

古代所说的“庙堂”与如今我们所理解的“庙堂”并不一样。今天，“庙”一般指作为宗教场所的寺庙。在古代，“庙堂”主要有以下三种说法。一是太庙的明堂，在葛洪《抱朴子》一书中就曾提过；二是借指朝廷，特指皇帝接受朝见、议论政事的殿堂，范仲淹在《岳阳楼记》里所说的“庙堂”就是这个意思；三是帝王的代称。我们在阅读古诗文的时候，一定要注意古今词义的差别。

《水殿春深图轴》（局部）　［清］袁江

xiān tiān xià zhī yōu ér yōu
先天下之忧而忧，
hòu tiān xià zhī lè ér lè
后天下之乐而乐。

/追本溯源/

然则何时而乐耶？其必曰“先天下之忧而忧，后天下之乐而乐”乎！噫！微斯人，吾谁与归？

——《岳阳楼记》

/品思解读/

在天下人忧虑之前先忧虑，在天下人得到快乐之后再快乐。范仲淹在文中以这句作结尾，抒发了自己远大的志向，把国家、民族的利益摆放在首位，一心为国家命运和百姓安乐而奋斗，体现了他为天下人着想、爱国爱民的精神。

/写作运用/

写作主题： 奉献　志向　爱国　忧患意识

写作示范： 如今，“先天下之忧而忧，后天下之乐而乐”的思想积淀着历史烟云，凝结着先辈智慧，激励了千千万万的人努力奋斗。范仲淹的这种“先忧后乐”的奉献精神，值得我们每一个人学习。

/落笔生花/

先天下之忧而忧，后天下之乐而乐。

/日有所得/

文化名楼岳阳楼

岳阳楼位于湖南省岳阳市洞庭湖畔。岳阳楼自古就有“洞庭天下水，岳阳天下楼”的美誉，是湘楚文化的杰出代表。岳阳楼也是儒家文化的殿堂，古往今来吸引着无数仁人志士。诸如李白、杜甫等人都曾登上岳阳楼，感受其文化底蕴与魅力。岳阳楼还与湖北黄鹤楼、江西滕王阁并称为“江南三大名楼”。

《岳阳楼图》 ［元］夏永

chén zhōu cè pàn qiān fān guò
沉舟侧畔千帆过，
bìng shù qián tóu wàn mù chūn
病树前头万木春。

/追本溯源/

巴山楚水凄凉地，二十三年弃置身。怀旧空吟闻笛赋，到乡翻似烂柯人。沉舟侧畔千帆过，病树前头万木春。今日听君歌一曲，暂凭杯酒长精神。

——《酬乐天扬州初逢席上见赠》

/品思解读/

翻覆的船只旁边仍有千千万万的帆船经过，枯萎的树木前面也有万千树木欣欣向荣。刘禹锡用“沉舟”“病树”比喻自己的同时也在提醒自己：陷入低谷不可怕，坐以待毙才可怕。我们要甩开过去的包袱，迸发活力，永不服输。

/写作运用/

写作主题：乐观　警示　人生哲理

写作示范：人要向前看。“沉舟侧畔千帆过，病树前头万木春”，时间不会因为我们的颓废而止步，遗憾可能意味着成长的契机。我们要以豁达乐观的态度继续生活、学习，而不是一直沉浸在过去的失败或遗憾中。向前看，永不言弃。

/落笔生花/

沉舟侧畔千帆过，病树前头万木春。

/日有所得/

“烂柯人”的故事

在古诗文中，我们经常会看到用“烂柯人”来比喻世事变化快，“烂柯人”的说法源自一则故事。

相传西晋时期，有个叫王质的青年上山砍柴，忽然看见两个人在下棋，就停步观看。等棋局终了，王质俯身去拾斧子，想不到斧柯（斧柄）已经烂朽，只剩下铁斧头了。回到村里，王质发现一个人也不认识，原来已经过去了一百年，同代人都已经亡故，他才明白那两个人应该是神仙。从此，后人就把这座山叫“烂柯山”，而王质则为“烂柯人”。

《群仙高会图》（局部）　［宋］佚名

（全图共绘有“王质烂柯”等九个故事。）

chūn cán dào sǐ sī fāng jìn
春蚕到死丝方尽，
là jù chéng huī lèi shǐ gān
蜡炬成灰泪始干。

/追本溯源/

相见时难别亦难，东风无力百花残。
春蚕到死丝方尽，蜡炬成灰泪始干。

——《无题》

/品思解读/

春蚕结茧到死时丝才吐完，蜡烛烧成灰烬时，像泪一样的蜡油才能滴干。这句话运用了比喻、拟人和双关的修辞手法，生动形象地表现了有情人不能相守的痛苦。如今，这句话被赋予了积极向上的新意蕴，常被用来形容教师等群体鞠躬尽瘁、敬岗爱业的奉献精神。

/写作运用/

写作主题： 奉献　执着　人生价值

写作示范： 春蚕到死丝方尽，蜡炬成灰泪始干。亲爱的老师啊！您就是那春日里的桑蚕，那不断燃烧着的蜡烛，播撒知识的种子，传递文明的火炬，默默奉献自己的一生，只为给予我们光明的未来！

落笔生花

春蚕到死丝方尽，蜡炬成灰泪始干。

日有所得

无题诗

无题，是诗歌的一个类别。诗人之所以用“无题”作题目，大多是不想或不便直接用题目来传达诗歌的主旨，无题诗在格式上一般没有什么严格的要求。那些以诗的首句的两字作为诗名的，比如《锦瑟》《碧城》《为有》等，也被归为无题诗。

《春蚕食叶图》 ［明］赵文俶

guó ěr wàng jiā gōng ěr wàng sī
国耳忘家，公耳忘私。

/追本溯源/

故化成俗定，则为人臣者主耳忘身，国耳忘家，公耳忘私，利不苟就，害不苟去，唯义所在。

——《汉书》

/品思解读/

为了国家而忘掉自己的小家，为了公众利益而忘掉私利。当时国家正遭到分裂势力的威胁，贾谊一方面是提醒汉文帝要关注形势，一方面也是表明自己的态度和立场。由此可以看出贾谊一心为公为国的崇高品德。

/写作运用/

写作主题：爱国　警世　责任　志向

写作示范：国耳忘家，公耳忘私，在滚滚历史长河中，多少人为了国家大义而摒弃了个人私利。大禹为了治水，三过家门而不入，最终治理好水患为百姓谋福；雷锋始终坚守人民子弟兵的职责，用自己的津贴为丢票的大嫂补票，把自己的积蓄捐给了灾区人民，这种精神至今仍在熠熠闪光！

/落笔生花/

国耳忘家，公耳忘私。

/日有所得/

文言文中“耳”的意思

“耳”的本意是耳朵，苏轼的《石钟山记》中就有“事不目见耳闻，而臆断其有无，可乎”的句子。除此之外，“耳”还可以表示谷物在淋雨之后生的芽，杜甫在《秋雨叹三首》中就写道“禾头生耳黍穗黑”，并由此衍生出了“禾头生耳”这个成语。“耳”还可以表示耳状的东西，比如“木耳”；而在“国耳忘家，公耳忘私”中，“耳”则作连词，当“而”讲。

（丞不败）耳杯　[汉]

鹞（yào）死怀中

据载，有人献给唐太宗一只鹞鹰，唐太宗十分喜爱，经常把鹞鹰架在手臂上玩赏。大家看到了，都担心唐太宗会玩物丧志，可又都不敢劝阻。

有一天，唐太宗正兴致勃勃地逗着鹞鹰，侍卫突然通报魏征来了。魏征此人无私无畏，敢于直言相谏，唐太宗也很敬重他。听说魏征来了，唐太宗忙将鹞鹰塞进怀里藏了起来。魏征装作没看见，一本正经地和唐太宗谈政事，一谈就是好久。等到魏征离开，唐太宗连忙解开衣衫，但鹞鹰已经被闷死了。

后来，人们常用“鹞死怀中”这一典故，来比喻君王开明，虚心纳谏。

断齑（jī）画粥

范仲淹年少家贫，在求学时过得十分艰苦。为了节约，每天晚上他都用糙米煮好一盆稀饭，等第二天早晨凝成冻后，用刀划成四块，早上吃两块，晚上再吃两块，这就是“画粥”。没有菜，他就切一些腌菜下饭，这就是“断齑”。“断齑画粥”的典故也由此而来。生活如此艰苦，但他毫无怨言，依然专心于读书学习。

后来当地留守官的儿子知道了范仲淹的事迹，深感同情，便从家里送来了好菜好饭。几天后他去看望范仲淹时，发现送去的饭菜都没动，大为不解。范仲淹解释说：“您赠我好饭菜，实在感激不尽，但我平时吃稀粥习惯了，并不觉得怎样苦。现在我如果贪食这些东西，吃习惯了，将来怎么办呢？”这人将范仲淹的话告诉了他父亲，他父亲感慨道：“这真是一个有志气的孩子，日后必定大有作为呀！”后来，范仲淹果真成为宋代名臣和著名的文学家。

学以致用

一、判断下列说法是否正确。

1. 江南三大名楼分别为湖北黄鹤楼、江西滕王阁和湖南岳阳楼。

（　　）

2. 在《酬乐天扬州初逢席上见赠》中刘禹锡借“沉舟”“病树”比喻自己，表现出面对生活极度消极的心态。（　　）

3. “春蚕到死丝方尽，蜡炬成灰泪始干”可以用来形容老师无私奉献的精神。（　　）

二、请在下列图片中，选出“耳”能表示的意思。

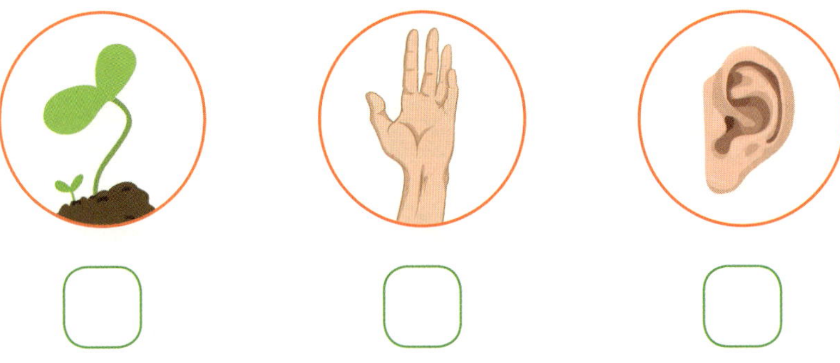

三、你还知道刘禹锡的哪些诗呢？任选一首默写下来。

shí yǐ dǐ yān
石以砥焉，
huà dùn wéi lì
化钝为利。

/追本溯源/

嗟乎！石以砥焉，化钝为利；法以砥焉，化愚为智。

——《砥石赋》

/品思解读/

用石头磨砺，能够把钝的变成利器。当时刘禹锡被贬为朗州司马，为了抒发心中郁郁不得志的苦闷，刘禹锡作了《砥石赋》一文。在排解情绪之余，也表达了自己的理想抱负——相信自己如同宝刀，会磨去锈蚀，重露锋芒。

/写作运用/

写作主题：逆境　磨难　意志

写作示范：英雄自古多磨炼。温室里的花朵经不起狂风暴雨，山间挺立的松柏却能够傲霜斗雪，通往成功的路上本就充满了各种各样的磨难。石以砥焉，化钝为利，在挫折中奋起，那些阻碍我们的只会让我们变得更加强大！

/落笔生花/

石以砥焉，化钝为利。

/日有所得/

“砥”的意思

“砥”是一个形声字，形指意思，声指读音。“砥”的结构为左形右声，意思跟石头有关，而读音则与氐（dǐ）相同。“砥”指磨刀石，由此引申出“磨”的动作。《说苑》中有一句“晋人已胜智氏，归而缮甲砥兵”，其中的“砥兵”指的就是磨砺兵器，使之锋利。除此之外，“砥”还能表示平直、平坦的意思。

《兰石图》 ［清］顾媚

ān néng cuī méi zhé yāo shì quán guì
安能摧眉折腰事权贵，
shǐ wǒ bù dé kāi xīn yán
使我不得开心颜？

/追本溯源/

别君去兮何时还？且放白鹿青崖间。须行即骑访名山。

安能摧眉折腰事权贵，使我不得开心颜？

——《梦游天姥吟留别》

/品思解读/

这首诗又叫作《别东鲁诸公》。当时李白在政治上遭受挫折，内心充满愤怨，所以他在诗中发出“岂能卑躬屈膝去侍奉权贵，让自己不能有舒心畅意的笑颜”的呼声，表现了自己蔑视权贵、不卑不屈的精神。

/写作运用/

写作主题：成长　警世　气节　生命意义

写作示范：在封建等级制度森严的古代，李白尚且能写出“安能摧眉折腰事权贵，使我不得开心颜？”这样充满不屈傲气的诗句，身处现代社会的我们，又为何不能勇敢做自己呢？生活是活给自己看的，只要你自己不倒下，别人就不能把你打倒。当你开始独立思考时，你会发现更好的路径，塑造更优秀的自己。

/落笔生花/

安能摧眉折腰事权贵，使我不得开心颜？

/日有所得/

天姥山

李白在《梦游天姥吟留别》一诗中记录了自己梦游天姥山时的所见所闻所感，而其中的天姥山也确实存在。天姥山位于现在的浙江绍兴新昌县境内，据说是因为登山的人听到过仙人天姥的歌声，所以就叫作天姥山。值得注意的是，天姥山中的“姥”经常被错读成“lǎo”，实际上，正确的读音是“mǔ”。天姥山中比较著名的景点有天姥龙潭、万马渡以及北斗尖。

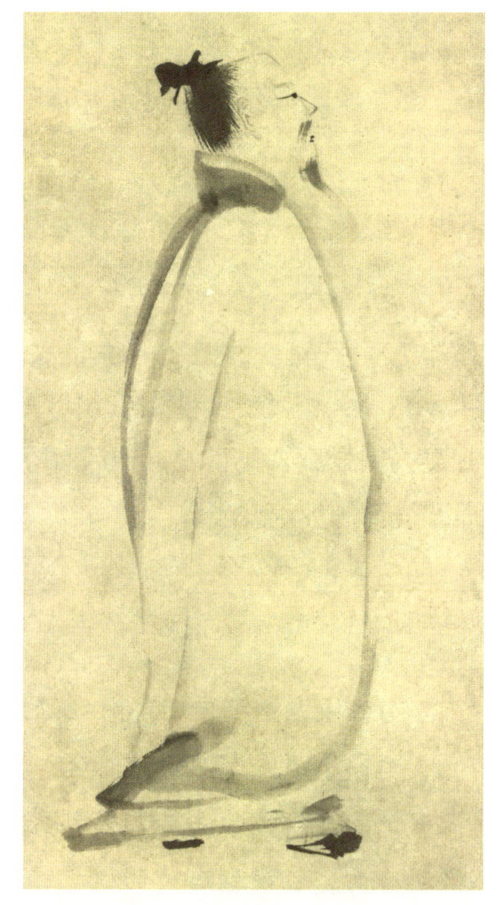

《李白行吟图》　［宋］梁楷

ěr cáo shēn yǔ míng jù miè
尔曹身与名俱灭，
bú fèi jiāng hé wàn gǔ liú
不废江河万古流。

/追本溯源/

杨王卢骆当时体，轻薄为文哂未休。

尔曹身与名俱灭，不废江河万古流。

——《戏为六绝句·其二》杜甫

/品思解读/

待你辈的一切都化为灰土之后，也丝毫无伤于滔滔江河的万古奔流。这里的“你辈”指的是当时那些厚古薄今的文人，而所谓的“今”则是指“初唐四杰”所开创的诗词的风格和体裁。时代在不断发展，我们要对新的文化有清醒的认识，不然就会成为被杜甫批判的那些浅薄的评论者了。

/写作运用/

写作主题：警世　接纳　创新

写作示范：在互联网时代，有一小部分人用键盘作“武器”，散布谣言，肆意攻击为国家作出贡献的英雄。然而跳梁小丑终究上不了台面，会受到道德的谴责、法律的制裁，得到一句“尔曹身与名俱灭，不废江河万古流”的评价！

/落笔生花/

尔曹身与名俱灭，不废江河万古流。

/日有所得/

初唐四杰

“初唐四杰”是唐代初期，文学家王勃、杨炯、卢照邻、骆宾王的合称，简称为“王杨卢骆”。在唐朝以前，多以绮靡浮华的宫廷诗歌为主，诗歌题材不是亭台楼阁就是风花雪月。而“初唐四杰”的诗歌却扭转了这一点，将诗歌题材扩展到江河山川、边塞大漠的辽阔空间，赋予诗歌以新的生命力。可以说，“初唐四杰”是唐初文坛上新旧过渡时期的杰出人物。

《杜甫诗意图》（局部）　［清］王原祁

dà dào zhī xíng
大道之行，
tiān xià wéi gōng
天下为公。

/追本溯源/

大道之行也，天下为公。选贤与能，讲信修睦。

——《礼记》

/品思解读/

在大道施行的时候，天下是人们所共有的。这里指的是一种大同的理想社会状态，这也是孔子所推崇的政治理想。

/写作运用/

写作主题：社会　警世　和睦

写作示范：“大道之行，天下为公”，是中华文明的标志符号与价值理想。为不断推进中国的现代化进程，我们每个人都应不懈努力，不断获得知识和智慧，提升自己的素质与能力。

/落笔生花/

大道之行，天下为公。

/日有所得/

《礼运》

《礼运》是《礼记》中的一篇，内容多以反映儒家的政治思想和观点为主。书中所提到的“大同”思想，对历代政治改革有着深刻的影响，康有为就曾在他为《礼运》所作的注解中，提到他有关变法维新的政治主张。而古人认为《礼记·礼运篇》中的“大同”一说，是受墨家或道家的影响。

［清］康有为

敌未灭，何以家为？

dí wèi miè

敌未灭，

hé yǐ jiā wéi

何以家为？

/追本溯源/

帝初为飞营第，飞辞曰："敌未灭，何以家为？"

——《宋史》

/品思解读/

敌人没有剿灭，要建什么家呢？这是南宋抗金名将岳飞面对皇帝赏赐说的话。在岳飞心里，国家和民族的利益高于一切，而中华民族的生生不息、发展壮大，背后少不了许多像岳飞一样甘愿以身许国的志士仁人的付出。

/写作运用/

写作主题： 爱国　警世　奉献　人生价值

写作示范： 人生在世，什么最重要？有的人选择及时行乐，有的人选择舒适安逸，岳飞选择的却是为了自己的理想和抱负，为了更多人的幸福而放弃小我。"敌未灭，何以家为？"这句掷地有声的名言，激励着世世代代的后人。

/落笔生花/

敌未灭，何以家为？

/日有所得/

南宋的“中兴四将”

中兴，就是中道复兴的意思，一般指王朝衰微或经过变乱后再次兴旺。而宋室的“中兴时期”是指南宋和金订立和议后对峙的时期。这一时期，在抵抗金兵、保证南宋政权的建立与巩固的过程中，涌现出了“中兴四将”，分别是张俊、韩世忠、刘光世和岳飞。

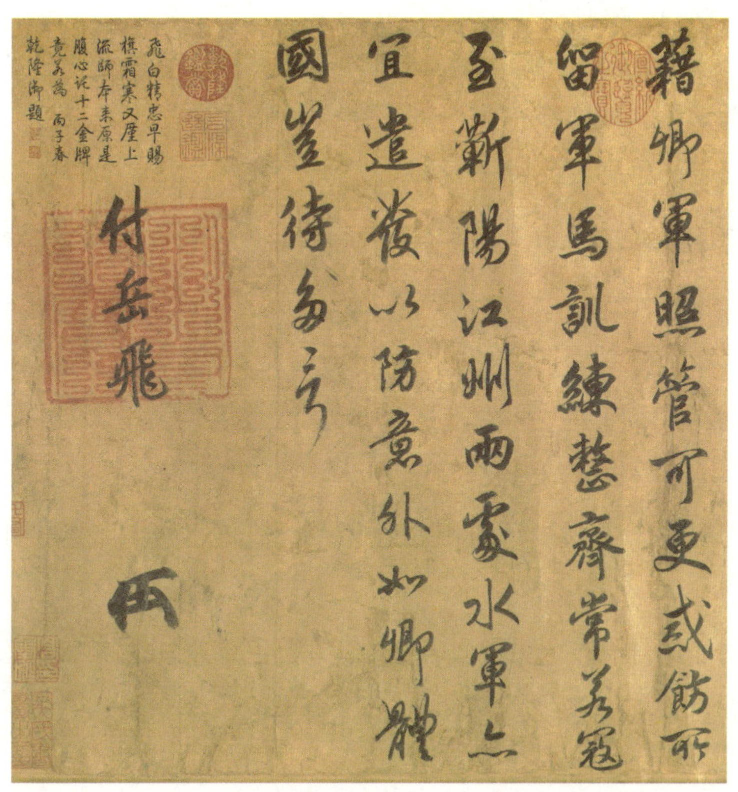

《付岳飞书》（局部）　［宋］赵构

力士脱靴的故事

公元742年，李白来到长安。有人把他推荐给唐玄宗，唐玄宗召见他并封他为翰林供奉，要他在翰林院里等候召见，为皇帝写诗作文。

有一次宫中牡丹盛开，唐玄宗带了杨贵妃在沉香亭饮酒赏花。唐玄宗忽然想叫李白写几首歌词助兴，就派人把他召来。谁知李白喝得烂醉如泥，差人只得把他扶上马背，送到宫中，用冷水洗他的头。等酒意稍解，李白提起笔来，一下子写了三首《清平调》颂扬杨贵妃和牡丹，唐玄宗和杨贵妃高兴极了。

李白虽然经常参加宫廷宴会，但他蔑视权贵，并不把皇帝身边那些有权有势的人放在眼里。

有一次，他在宫中喝醉了，竟伸出脚，让身旁的高力士给他脱掉靴子。高力士一时不知所措，只得给李白脱下靴子。这件事让高力士很愤怒，决定找机会报复李白。

杨贵妃爱吟李白的《清平调》，一次高力士也在一旁，他故意说："我本以为贵妃受了李白的侮辱，一定对他恨之入骨，没想到还这么爱他的诗！"杨贵妃吃惊地问道："李学士怎么会侮辱我呢？"

高力士说："诗中不是有'借问汉宫谁得似，可怜飞燕倚新妆'两句吗？"杨贵妃说："对呀！"高力士又说："赵飞燕是歌女出身，后来虽然立为皇后，但最后还是被贬为庶人。他将赵飞燕跟您相比，不是侮辱您吗？"

杨贵妃听了高力士的话，也对李白心生恼怒。后来，唐玄宗几次想任命李白为官，都被杨贵妃阻止了。

学以致用

一、请将下列诗句跟作者连线。

《梦游天姥吟留别》　　杜甫

《砥石赋》　　刘禹锡

《戏为六绝句》　　李白

二、请把对应的人物填在相应的位置上。

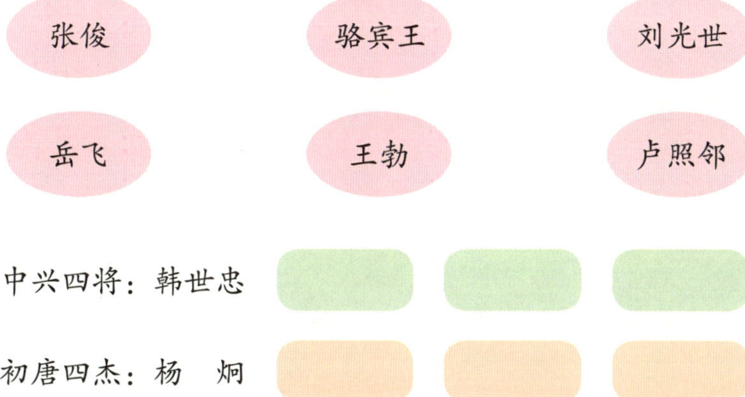

三、历史上的诗人被赋予了许多称号，请把下列诗人和他们的称号用线连起来。

李白　　诗佛

杜甫　　诗鬼

白居易　　诗魔

李贺　　诗圣

王维　　诗仙

shàn yòng bīng zhě　bù yǐ duǎn jī cháng
善用兵者，不以短击长，
ér yǐ cháng jī duǎn
而以长击短。

/追本溯源/

臣愚，窃以为亦过矣。故善用兵者不以短击长，而以长击短。

——《史记》

/品思解读/

善于用兵打仗的将领，不用自己的短处去攻击敌人的长处，而是以自己的长处去攻击敌人的短处。当时韩信向李左车请教如何更好地攻灭齐国、燕国，李左车建议韩信可以凭借汉军威名劝降燕国。韩信一试，燕国果真降了。由此可见，善于发挥自己的优势才是真的智慧！

/写作运用/

写作主题：警世　扬长避短　智慧

写作示范：金无足赤，人无完人，每个人身上或多或少会有缺点，我们要学会发现自己的长处，并合理利用。善用兵者，不以短击长，而以长击短，扬长避短才是我们走向成功的关键！

/落笔生花/

善用兵者，不以短击长，而以长击短。

/日有所得/

“雹神”李左车

李左车是赵国名将李牧的孙子，一直作为谋士辅佐当时的赵王歇。他为赵国立下了赫赫战功，所以被封为广武君。赵国灭亡后，李左车被韩信待为上宾，他也向韩信提出了“百战奇胜”的良策，帮助韩信收复燕、齐之地。韩信被杀后，李左车辞官隐退。

李左车还在民间有“雹神”的称号，传说是玉帝册封李左车为“雹神”，让冰雹落满沟渠而避开了庄稼。

玉蝉　［西汉］

shèng rén bú wèi duō nán

圣人不畏多难，

ér wèi wú nán

而畏无难。

/追本溯源/

赞曰：圣人不畏多难，畏无难。何哉？多难之世，人人长虑而深谋，日惕于中，犹以为未也。

——《新唐书》

/品思解读/

圣人并不害怕困难多，而是害怕没有困难、太过安逸。古人在很早以前，就对忧患和安逸有了清晰的认识：生于忧患，死于安乐。人如果一直处于安逸的环境下，那么他的斗志就会在不知不觉中被消磨；一直处在磨难中的人，抗压能力就会强很多。

/写作运用/

写作主题：逆境　警世　忧患意识

写作示范：圣人不畏多难，而畏无难。身处逆境的我们永不言弃，能学会以一种全力以赴的姿态去解决问题。而长期身处顺境则容易消磨斗志，以至于等到危机发生之时，往往缺少抵御的能力。

/落笔生花/

圣	人	不	畏	多	难	，	而	畏	无
难	。								

/日有所得/

《旧唐书》和《新唐书》

五代后晋时官修的《旧唐书》，是现存最早的系统记录唐代历史的一部史籍，原名《唐书》。北宋时期，宋仁宗认为《唐书》的内容没有条理，也不够精细，就命欧阳修、宋祁等人编撰重修。而后人为了区分这两种唐书，就把后晋时编撰的称为《旧唐书》，而称北宋欧阳修等人编撰的为《新唐书》。

（圣人）铜印　［战国］

dé bù yōu zhě，bù néng huái yuǎn；
德不优者，不能怀远；
cái bú dà zhě，bù néng bó jiàn
才不大者，不能博见。

/追本溯源/

夫德不优者，不能怀远；才不大者，不能博见。故多闻博识，无顽鄙之訾；深知道术，无浅暗之毁也。

——《论衡》

/品思解读/

品德不优秀的人，无法胸怀大志，拥有远大的理想；才能在自己领域不够突出的人，难以有渊博的见识和见解。个人的品德和才能是取得成功的关键。提升自己的品德，我们才能学会更多，看到更广阔的世界。

/写作运用/

写作主题：才能　德行　警世　理想　人生价值

写作示范：德不优者，不能怀远；才不大者，不能博见。先有德，后有才，这是每个人都应牢记的处世之道。立身以德，立业以勤，一个有才无德的人再有能力，也得不到别人的信任；而品德高尚的人遇到了困难，会有许多人主动来帮助他。

/落笔生花/

德	不	优	者	，	不	能	怀	远	；
才	不	大	者	，	不	能	博	见	。

/日有所得/

“别通”的含义

“德不优者，不能怀远；才不大者，不能博见”出自《论衡》一书中的《别通篇》。“别通”指的是如何识别“通人”，而所谓“通人”，第一得博古通今，知晓百家之言，第二要懂得治国治家的方法，第三还要敢批判世上庸俗鄙陋的风气和言论。王充认为，知识就是财富。知识越多，财富就越多，所以“富人不如儒生，儒生不如通人”。

兽纹玉环 ［东汉］

qiān jīn hé zú xī
千金何足惜，
yí shì gù nán qiú
一士固难求。

/追本溯源/

落日燕城下，高台草树秋。千金何足惜，一士固难求。

沧海谁青眼？空山尽白头。还怜易河水，今古只东流。

——《南城咏古十六首》

/品思解读/

千金有什么值得吝惜的呢？优秀的将士本来就很难求得。这首诗是迺（nǎi）贤游览故宫遗迹后所作。他用这句话告诉我们，真正杰出的人才是不能用金钱来衡量的，因为人才在治国安邦中起到了不可替代的作用。

/写作运用/

写作主题：人才　警世　赏识　人生价值

写作示范：千金何足惜，一士固难求。人才兴，国运昌。刘备三顾茅庐，只为请诸葛亮出山共图大事；齐桓公身为君主，却数次前去拜见小臣稷；燕昭王为了招纳四方贤士，更是千金买马骨，为尊师在都城内筑起高台。这是因为他们深刻地认识到了人才的重要性。

|落笔生花|

千金何足惜，一士固难求。

|日有所得|

招揽人才的黄金台

黄金台又名招贤台，相传是战国时期燕昭王下令建造的。据说，燕昭王一心想招揽人才，但起初并不顺利。后来，有个智者郭隗（wěi）给燕昭王讲述了一个故事。

有个国君想用千金购买千里马，但众人不知真假，所以他花了三年时间也没有买到。手下好不容易发现了一匹千里马，但去买的时候马已经死了。手下就用五百金买了千里马的马头。手下回来后，国君很生气，质问他："你为什么花钱买死马的头？"手下说："买死马都舍得花五百金，更何况活马呢？我们的举动必然会引来天下人为您提供活马。"后来，不到一年，国君就买到了三匹千里马。

郭隗又说："您要招揽人才，首先要从我郭隗开始。我这种才疏学浅的人都能受到国君重视，那些比我本事更强的人一定会闻讯赶来的。"

燕昭王采纳了郭隗的建议，拜他为师，为他建造了黄金台，向天下表明自己招揽贤士的决心。没多久就吸引了许多有才能的贤士前来。

《松石高士图》（局部）　［明］文徵明

gǒu lì guó jiā
苟利国家，
bù qiú fù guì
不求富贵。

/追本溯源/

苟利国家，不求富贵。其举贤援能有如此者。

——《礼记》

/品思解读/

如果对国家有利，就不去计较个人的得失。它出自《礼记》的孔子和鲁哀公的对话，强调的是为了国家而放弃个人利益的奉献精神。我们每个人都应怀着这样的心志，在国家危难之际能勇敢地挺身而出。

/写作运用/

写作主题： 爱国　警世　责任　志向

写作示范： “苟利国家，不求富贵”不只是一句简单的口号，更代表着无私的家国情怀，体现着大无畏的奉献精神。作为中华民族的一分子，我们都深爱着祖国，也一定会在祖国有需要的时候奉献自己的力量！

/落笔生花/

苟利国家，不求富贵。

/日有所得/

文言文中“苟”的意思

“苟”在文言文中，比较常见的意思有三种。第一种表示苟且，在《鱼我所欲也》一文中，就有一句“故不为苟得也”，意思是所以我不做苟且偷生的事。第二种表示暂且，《陈情表》中的“欲苟顺私情，则告诉不许”就是这个意思。而在《陈涉世家》里，“苟富贵，无相忘”的“苟”则表示如果，整句的意思是，如果将来变成大富大贵的人，不要忘了对方。

鸟纹玉剑摽改制玉饰　[西汉]

塞翁失马，焉知非福

战国时期，靠近北部的边城住着一个老人，名叫塞翁，塞翁养了许多马。一天，他家走失了一匹马，邻居们听说后，纷纷跑来安慰他，但塞翁却笑着说："丢了一匹马损失不大，没准会带来什么福气呢。"

邻居们听了塞翁的话，只觉得他是在自我安慰。结果没过几天，那匹丢失的马不仅主动回了家，还带回了一匹匈奴的骏马。

邻居们对塞翁的预料非常佩服，向塞翁道贺说："还是您有远见，马不仅没有丢，还带回了一匹好马，真是有福气呀。"

塞翁听了邻人的祝贺，反而一点高兴的样子都没有，他忧虑地说："白白得了一匹好马，不一定是什么福气，也许会惹出什么麻烦来。"

邻居们以为他在故作姿态，心里明明高兴，却故意这样说。

塞翁有个独生子，非常喜欢骑马。他发现带回来的那匹马剽悍神骏，嘶鸣嘹亮，于是他每天都骑马出游。一天，他高兴得有些过火，打马飞奔，结果从马背上跌下来，摔断了腿。

邻居们纷纷前去慰问。塞翁却说："没什么，腿摔断了却保住性命，或许是福气呢。"邻居们觉得他又在胡言乱语。他们想不出，摔断腿会带来什么福气。

不久，匈奴兵大举进犯，青年人应征入伍。塞翁的儿子因为摔断了腿，不能去当兵。后来入伍的青年都战死了，唯有塞翁的儿子保全了性命。

一、下列哪一项不是“苟”字在文言文中常见的意思？（　　）

A. 苟且　　　　B. 暂且

C. 并且　　　　D. 如果

二、补全下列名言。

1. 善用____者，不以____击长，而以____击短。

2. 德不____者，不能____远；____不大者，不能____见。

3. 千金____足____，一____固难____。

三、在本周三学习到的名言中，我们知道了“通人”的含义。下列哪些是《论衡》中的“通人”所应具备的能力呢？连一连。

通人

附和别人的话

懂得治国治家的方法

在某一领域非常有成就

博古通今，知晓百家之言

敢于批判世上庸俗鄙陋的风气和言论

nán ér tiě shí zhì
男儿铁石志，
zǒng shì bào guó xīn
总是报国心。

/追本溯源/

寄书向知己，不解作家音。男儿铁石志，总是报君心。

——《寄书》

/品思解读/

男子汉有着如同坚铁硬石般的志向，书信的字里行间，总是流露报效国家的心思。明代抗倭将领戚继光通过《寄书》一诗，表达了自己为国效力的决心，也将他那崇高的爱国精神展现得淋漓尽致。我们每个人都应学习这种精神。

/写作运用/

写作主题： 爱国　警世　责任　志向

写作示范： 是什么，让谭嗣同临刑前在狱中写下“我自横刀向天笑，去留肝胆两昆仑”？又是什么，让鲁迅先生弃医从文，用笔当作武器，写出一篇篇发人深省的文章？男儿铁石志，总是报国心，这都是源于他们心中那浓烈的爱国之情啊！

/落笔生花/

男儿铁石志，总是报国心。

/日有所得/

明朝抗倭的“倭”指的是什么？

“倭”原指日本这个国家，但明朝抗倭，其中的“倭”却专指日本海盗。据史书记载，曾经的日本岛上有一个小国向汉朝派遣使臣，光武帝刘秀高兴之下，就封这个国王为“倭王”，并使之成为自己的附属国。之后，人们称呼日本的物品时也都会加上一个“倭”字，比如倭刀，就是指日本制作的佩刀。到了明朝，因为我国沿海地区经常被日本海盗侵犯，所以就产生了“倭寇”一词，这里的“寇”是侵略的意思。

《白鹤岭图》（局部）　［清］叶欣

图中描绘的是闽中白鹤岭的景色，戚继光曾在此大破倭寇。

yí cùn dān xīn tú bào guó
一寸丹心图报国，
liǎng háng qīng lèi wèi sī qīn
两行清泪为思亲。

/追本溯源/

一寸丹心图报国，两行清泪为思亲。
孤怀激烈难消遣，漫把金盘簇五辛。

——《立春日感怀》

/品思解读/

丹心是指赤诚的心。我一颗赤诚的心渴望报效国家，但身在他乡，思念亲人之时又不禁使我双眼泪流成行。自古忠孝两难全，于谦虽一心一意为国家尽忠，但也因此减少了对家人的照顾，没法在父母跟前尽孝。想到这里，哪怕是铮铮铁骨的他也只能独自垂泪。

/写作运用/

写作主题：爱国　警世　奉献　忠孝

写作示范：“一寸丹心图报国，两行清泪为思亲”不正是一位位戍守边疆的战士的真实写照吗？在他们中间，又有谁不思念远在家乡的亲人呢？今天的岁月静好，是有他们在替我们负重前行！

/落笔生花/

一寸丹心图报国，两行清泪为思亲。

/日有所得/

"立春"是什么时候？

"立"是"开始"的意思，自秦代以来，中国就一直以"立春"作为春季的开始，从到达立春的当日一直到立夏前的这段时间，都被称为春天。"立春"作为二十四节气中的第一个节气，一般在每年阳历2月3日~2月5日的某一天。同时，"立春"也是民间重要的传统节日之一。

《早春图》 ［宋］郭熙

jiāng wò gū cūn bú zì āi
僵卧孤村不自哀，
shàng sī wèi guó shù lún tái
尚思为国戍轮台。

/追本溯源/

僵卧孤村不自哀，尚思为国戍轮台。

夜阑卧听风吹雨，铁马冰河入梦来。

——《十一月四日风雨大作》

/品思解读/

“轮台”在现在的新疆境内，是古代边防重地，这里指代边关、边疆。“我直挺挺地躺在孤寂荒凉的乡村里，没有为自己的处境而感到悲哀，心中反而还想着替国家守卫边疆。”陆游由于主张同金人作战而被罢官回乡，此时的他已病痛缠身，却仍想为国效力。

/写作运用/

写作主题： 爱国　警世　奉献

写作示范： “爱国”这一崇高的情感已经刻进了每一名军人的内心深处，哪怕他们已经退役，但只要祖国需要他们，他们随时都会收拾起自己的行囊，赶赴一线。“若有战，召必应，战必胜”，僵卧孤村不自哀，尚思为国戍轮台，在他们的心中，祖国大于一切！

/落笔生花/

僵卧孤村不自哀，尚思为国戍轮台。

/日有所得/

新疆历史上的两个“轮台”

在历史上，新疆有过两个轮台，并且都很有名，那就是汉轮台和唐轮台。汉轮台就在现在新疆的轮台县境内，是张骞通西域后，汉朝政府在天山南路最早开发的一个边疆地区。而唐轮台是北庭都护府所辖四县之一，唐朝政府还在这里设置了税卡，征收来往于丝绸之路北道上商人的商税，在唐朝统治西域的过程中起到了重要作用。

玉羊头瓜瓣杯 ［清］

shí wēi jiàn chén jié
时危见臣节，
shì luàn shí zhōng liáng
世乱识忠良。

/追本溯源/

时危见臣节，世乱识忠良。

投躯报明主，身死为国殇。

——《代出自蓟北门行》

/品思解读/

时局动荡不安的时候，才可以看出那些臣子的节操；天下纷乱的时候，才能看出一个人是否忠良。一个人的气节操守，只有在局势危急的关头，才能明显地表露出来。这句话也经常被用来赞美那些正气凛然的忠良之士。

/写作运用/

写作主题：人才　警世　挫折

写作示范：危难永远是检验人性的最好办法。时危见臣节，世乱识忠良，只有在危急关头，我们才能知道谁是真心地对我们好，真诚地关心我们；哪些人只能同甘，却无法共苦。

/落笔生花/

时危见臣节，世乱识忠良。

/日有所得/

鲍　照

鲍照，字明远，南朝宋文学家，与北周庾信并称“鲍庾”，与颜延之、谢灵运并称“元嘉三大家”。在文学创作方面，鲍照在游仙、游山、赠别等题材上均有佳作留世，有力地推动了中国古典诗歌的发展。代表作品有《芜城赋》《舞鹤赋》等。

《折槛图》　［宋］佚名

图中描绘了忠臣朱云在皇帝、公卿大臣面前犯颜直谏的景象。

guó zhī cún wáng rén zhī sǐ shēng
国之存亡，人之死生，
jiē yóu yú bīng gù xū shěn chá yě
皆由于兵，故须审察也。

/追本溯源/

杜牧曰：国之存亡，人之死生，皆由于兵，故须审察也。

——《十一家注孙子》

/品思解读/

这是杜牧对《孙子兵法》的一句注解。国家的存亡，人们的生死，都跟用兵打仗有关，所以需要仔细考察研究。为了确保国家的生存和发展，就必须重视军事，慎重地对待军事。

/写作运用/

写作主题： 战争　警世　家国情怀

写作示范： 国之存亡，人之死生，皆由于兵，故须审察也。近代中国历史的惨痛教训告诉我们：军事上的落后一旦形成，对国家安全的影响将是致命的。中华民族走出苦难、中国人民实现解放，有赖于一支英雄的人民军队。

/落笔生花/

国之存亡，人之死生，皆由于兵，故须审察也。

/日有所得/

《孙子兵法》

《孙子兵法》又称《孙武兵法》《孙武兵书》等，作者是春秋时的吴国将军孙武。它是中国乃至世界现存最早的军事著作。在我国古代，《孙子兵法》作为“兵家经典”被历朝历代加以研究。三国曹操研究其兵法后，结合自己的军事经验创作《孟德新书》。而唐代除杜牧外，还有李筌、贾林相继对之注解，李世民更是给出了“观诸兵书，无出孙武”的评价。如今，《孙子兵法》被翻译成多种语言，在世界军事史上具有重要的地位。

《洗兵图》（局部）　［明］吴伟

拒收寿礼的于谦

于谦是我国明代有名的清官，深得老百姓的爱戴，被尊称为“于青天”。

相传，一次于谦寿辰，门口送礼的人络绎不绝。于谦叮嘱管家，一概不收寿礼。皇上因为于谦忠心报国，战功卓著，派人送了一只玉猫金座钟。管家把送礼的太监拒之门外，太监有点不高兴了，就写了“劳苦功高德望重，日夜辛劳劲不松。今日皇上把礼送，拒礼门外情不通”四句话。于谦见了，在下面添了四句：“为国办事心应忠，做官最怕常贪功。辛劳本是分内事，拒礼为开廉洁风。”太监见于谦这样坚决，无话可说，只好带回贺礼向皇上复命。

抗倭英雄戚继光

明世宗时期，我国东南沿海防卫空虚，倭寇乘机进犯。一些地方贪官、恶霸等纷纷勾结倭寇，使得倭寇在浙江、福建、广东沿海肆意烧杀抢掠。

朝廷于是调戚继光去江浙抗倭。戚继光一到浙江，就先整顿军纪，又亲自到浙江义乌精选了三千名壮实胆大的农工，组成了一支全新的军队。经过短短几个月的训练，他就打造了一支纪律严密、训练有素的队伍。这支军队所到之处，老百姓都拎着食物欢迎他们，并称他们为“仁者之师”。

戚继光带着这支队伍，在抗倭战场上，多次把倭寇打得落花流水。戚继光因此被称为“戚老虎”。

学以致用

一、请将下列诗名与它的作者连起来。

《寄书》	鲍照
《立春日感怀》	陆游
《十一月四日风雨大作》	戚继光
《代出自蓟北门行》	于谦

二、补全下列名言。

1. 一寸（　）心图报（　），两行（　）泪为（　）亲。
2. 僵（　）孤村不自（　），尚思为（　）（　）轮台。
3. 时（　）见（　）节，世（　）识（　）良。

三、判断下列说法是否正确。

1. “倭寇”是明代对所有日本人的称呼。（　）
2. 一般，每年阳历 2 月 3 日～2 月 5 日为立春时节。（　）
3. “元嘉三大家”分别是鲍照、颜真卿和谢灵运。（　）
4. 春秋时期，吴国将军孙武写了一部《孙子兵法》。（　）
5. 唐朝时，朝廷在轮台设置了税卡，以征收来往于丝绸之路的商人的商税。（　）

yí zé wù yòng
疑则勿用，
yòng zé wù yí
用则勿疑。

/追本溯源/

臣愿陛下虚怀易虑，开心见诚，疑则勿用，用则勿疑。

——《论开诚之道》

/品思解读/

认为可疑的人就不要任用，既然任用了就不要怀疑。南宋爱国思想家陈亮认为，要想获得他人的信任，就要做到以诚待人。尤其是对君王而言，更要学会信任身边的大臣，要么不用，用了就要给予足够的信任。

/写作运用/

写作主题： 人才　警世　信任

写作示范： 成大事者必定能够给予人才充分的信任和施展才华的舞台。他们选取人才的方式各有不同，但疑则勿用，用则勿疑是其宗旨。士为知己者死，对人才充分信任，人才自会报答伯乐的知遇之恩！

/落笔生花/

疑则勿用，用则勿疑。

/日有所得/

《中兴五论》

南宋朝廷主张与金人讲和，但陈亮觉得讲和不是办法，所以就在朝堂之上，以平民的身份给宋孝宗赵昚连上五疏，也就是历史上著名的《中兴五论》。《中兴五论》包括《中兴论》《论开诚之道》《论执要之道》《论励臣之道》和《论正体之道》，而《中兴论》是其中最重要的一篇。由于朝中的议和派官员对他不满，陈亮后来接连两次被诬陷入狱。

《中兴瑞应图》 ［宋］陈居中

shī zhī dōng yú shōu zhī sāng yú
失之东隅，收之桑榆。

/追本溯源/

赤眉破平，士吏劳苦，始虽垂翅回溪，终能奋翼黾池，可谓失之东隅，收之桑榆。

——《后汉书》

/品思解读/

“东隅”也就是东方日出处，即早晨，这里是初始的意思；“桑榆”指日落处，即夜晚，放在句中表示最终。开始的时候在一方面败了，最后在另一方面取得胜利。当时冯异虽然在回溪被赤眉军打败，但最终在渑池打败了赤眉军。现在多用来形容开始或暂时在某一方面失利，但最终得到了补偿。

/写作运用/

写作主题：得失　警世　成功　人生价值

写作示范：失之东隅，收之桑榆，古人用一个个的例子向我们昭示了得与失的统一。唐代大诗人杜甫一生颠沛流离，仕途坎坷，但却以诗传史，成就“诗圣”之名；李白虽未被朝廷重用，却始终过着潇洒的生活，留下辉煌诗篇。

/落笔生花/

失之东隅，收之桑榆。

/日有所得/

桑榆的意思

桑榆就是指桑树和榆树，落日的余晖照在桑树、榆树上，所以用来指代日暮，也就是傍晚，而在“失之东隅，收之桑榆”中引申为“事之后阶段”的意思。曹植在《赠白马王彪》中写道：“年在桑榆间，影响不能追。”这里的“桑榆”比喻晚年。除此之外，“桑榆”还可表示隐居田园，《魏书》就有“吾闻有大才者必居贵仕，子何独在桑榆乎”。

《平林暮归图》　［明］陶泓

qiān rén tóng xīn zé dé qiān rén zhī lì
千人同心，则得千人之力；
wàn rén yì xīn zé wú yì rén zhī yòng
万人异心，则无一人之用。

/追本溯源/

故纣之卒，百万之心；武王之卒三千人，皆专而一。故千人同心，则得千人之力；万人异心，则无一人之用。

——《淮南子》

/品思解读/

一千个人团结一心，就会发挥出千人的力量；一万个人如果心思各不相同，就连一个人的力量也发挥不出来。虽然一个人的力量有限，但集体的力量是巨大的，因此我们要团结起来，一起朝目标前进。

/写作运用/

写作主题：团结　警世　集体　合作

写作示范：团队就像是一个凸透镜，把分散的力量集中到一点；也像一个扩音器，把微吟变成呐喊，影响更远的地方。我们要以合作战胜艰难险阻，以团结创造人间奇迹，正所谓：千人同心，则得千人之力；万人异心，则无一人之用。

/落笔生花/

千人同心，则得千人之力；万人异心，则无一人之用。

/日有所得/

古代同心结的用途

同心结是一种中国传统手工艺品。因为它两结相连的特点，经常被作为爱情的象征应用在许多场合。在古代的婚礼上，新郎和新娘需要牵着同心结拜堂，在喝交杯酒的时候也要用到同心结。除了用在婚仪中，同心结还可作为腰带的结饰，或是用作束发的带饰。

珊瑚腰结　［清］

dān zhě yì zhé
单者易折，
zhòng zé nán cuī
众则难摧。

/追本溯源/

单者易折，众则难摧，戮力一心，然后社稷可固。

——《北史》

/品思解读/

单个人的力量微弱，所以容易被欺负；集体的力量很强大，就不容易被打垮。这是吐谷（yù）浑国王阿豺对他的儿子们说的话。他之所以这样说，是告诫他们团结一致，共御外敌，这样就不会轻易地被别人打败。

/写作运用/

写作主题：团结　警世　集体

写作示范：一根筷子很轻易就能被折断，但十根、二十根很难被折断。单者易折，众则难摧，团结是一切事业成功的基础，我们要在学习中发挥团结协作的精神。

/落笔生花/

单者易折，众则难摧。

/日有所得/

刘宋的宋和赵宋的宋

我们所说的宋朝，多是指960年赵匡胤建立的宋朝（分为北宋和南宋两个阶段），也可以称其为赵宋。历史上还有一个宋朝，为了和赵宋区分，我们常称它为刘宋或者南朝宋。刘宋是南北朝时期的第一个朝代，开国皇帝是刘裕。420年，刘裕接受东晋皇帝的禅位而自立，国号为“宋”。

青釉褐彩刻花莲瓣纹八系壶　［东晋］

zhī jǐ zhī bǐ
知己知彼，
bǎi zhàn bú dài
百战不殆。

/追本溯源/

知彼知己者，百战不殆；不知彼而知己，一胜一负；不知彼不知己，每战必殆。

——《孙子兵法》

/品思解读/

在军事纷争中，既了解敌人，又了解自己，就算打一百场仗都不会有危险。这句话不管是放在以前还是现在，都是很有用的。了解自己与对手的力量非常重要，所以在无法判断双方力量差距之前，千万不要盲目行动！

/写作运用/

写作主题： 战争　警世　军事　智慧

写作示范： 知己知彼，百战不殆。要想取得成功，首先要了解自己，找出自己的优势和劣势；其次要了解对手，清楚对方的长处和短处。只有做到这两点，我们才有较大的可能获得成功。

/落笔生花/

知己知彼，百战不殆。

/日有所得/

兵圣孙武

孙武，字长卿，春秋末期著名军事家、政治家，被世人尊称“兵圣”“孙子”，还被誉为“百世兵家之师”“东方兵学的鼻祖”。孙武经吴国重臣伍子胥的举荐，向吴王阖闾进呈了他所著的兵法十三篇，也就是我们所说的《孙子兵法》。后来他被吴王任命为将，曾率领吴国军队大败楚国军队。

三穿戈 ［春秋］

孙武训宫女振军威

孙武为实现自己的抱负，把自己写的《孙子兵法》献给吴王阖闾。吴王阖闾看过之后，觉得他很有才华，又怕只是个花架子，经不住风浪。

这天，阖闾对孙武说："你的兵法空前绝后，但我不知道它有多实用。能不能演示一下，让我见识见识？"孙武答应了。

阖闾召集了宫中将近百名宫女，孙武把她们分成两队，并让阖闾最为宠爱的两个妃子任队长。孙武站在最前方，他命令每个人拿着戟，并对她们说："我说向前，你们就看向前方，向后就朝背后转过身去，向左就看左手方向，向右就看右手方向。"

交代完毕，孙武开始正式操练，他击鼓发布了一个向右的命令，但宫女们都乱哄哄地笑个不停。反复几次后，孙武对阖闾说："士兵不听军令都是身为将领的罪过，我准备杀掉两个队长以正军法。"

阖闾连连求情："我知道你的真本事了，不过这两个妃子可以不杀吗？要是离开了她们，那我吃饭都没有味道了！"

孙武说："臣既然接受任命当了将军，将在外，君令有所不受。"

孙武杀了那两个宠妃，并在剩下的人当中重新选了两个队长。重新开始训练后，宫女们再也不敢懈怠，都老老实实听从指挥了。

不久，阖闾任命孙武为三军主帅，由他主持吴国的伐楚事业。孙武在对吴国军队进行了两年的改革以及训练之后，吴国的军事力量逐渐强大起来。趁着楚国内乱，孙武看准时机伐楚，多次击败了楚国名将。吴国自此强大起来。

一、根据下列线索，猜一猜他是谁？

①他是春秋时期军事家。

②他被誉为“百世兵家之师”“东方兵学的鼻祖”。

③他曾说过“知彼知己者，百战不殆”的话。

④他写的某一著作被誉为“兵学圣典”。

他是

二、判断下列说法是否正确。

1. 《中兴五论》的主要内容包括论开诚之道、论执要之道、论励臣之道、论廉洁之道和论正体之道。

2. “东隅”表示的是傍晚，“桑榆”则表示早晨。

3. “知己知彼，百战不殆”这句名言告诉我们，要想战胜敌人，除了了解对方外，还要了解自己。

三、唐代诗人刘禹锡有句诗：“莫道桑榆晚，为霞尚满天。”其中的桑榆指的是（　　）。

A. 桑树和榆树　　B. 桑葚和榆钱

C. 傍晚　　D. 隐居田园

míng jié zhòng tài shān
名节重泰山，
lì yù qīng hóng máo
利欲轻鸿毛。

/追本溯源/

名节重泰山，利欲轻鸿毛。所以古志士，终身甘缊袍。

——《无题》

/品思解读/

名节，简而言之就是名誉、气节、操守。把名节看得像泰山一样重，把利欲看得像鸿毛一样轻。这是明代名臣于谦写在《无题》中的话。于谦认为为官最重要的就是自己的名节。他一生都坚守着清廉公正的作风，每次进京奏事从不带任何礼品，“两袖清风”的典故就源于他。

/写作运用/

写作主题： 清廉　警世　气节

写作示范： 人生在世，每个人都应为自己的目标而努力奋斗。在奋斗的历程中，我们要树立正确的名利观，千万不要因为追求一时的利益而葬送自己一辈子的名声。要知道，名节重泰山，利欲轻鸿毛！

/落笔生花/

名节重泰山，利欲轻鸿毛。

/日有所得/

古诗中的“鸿毛”是什么？

“鸿毛”就是大雁的羽毛，它经常被用在古诗文里，用来比喻非常轻或是微不足道的事物。唐代文学家韩愈就曾在《贞女峡》中写道：“漂船摆石万瓦裂，咫尺性命轻鸿毛。”宋代葛长庚所作的《沁园春》一词中，也有“算此身此世，无过驹隙，一名一利，未值鸿毛”的诗句。

《百雁图》（局部）　［元］佚名

gǒu fēi wú zhī suǒ yǒu
苟非吾之所有，
suī yì háo ér mò qǔ
虽一毫而莫取。

/追本溯源/

且夫天地之间，物各有主，苟非吾之所有，虽一毫而莫取。

——《赤壁赋》

/品思解读/

如果不是自己所拥有的，即使是一分一毫也不能求取。这是苏轼告诫为官者的话，他自己也一直以此为信条，为百姓做实事。苏轼在杭州做官的时候就曾主持疏浚西湖，修筑长堤，为杭州的农业发展解决了一大障碍。

/写作运用/

写作主题： 廉洁　警世　谏言

写作示范： 保持不越雷池半步的清醒，才能抗拒诱惑。苟非吾之所有，虽一毫而莫取，每个人都要约束好自己的行为，守住底线，时刻保持敬畏之心；筑牢防线，避免陷入违法的深渊。

落笔生花

苟非吾之所有，虽一毫而莫取。

日有所得

西湖苏堤

苏堤南起南屏山麓，北到栖霞岭下，全长近三公里。它是北宋大诗人苏轼任杭州知州时修筑的。后人为了纪念苏轼治理西湖的功绩，就把这条长堤命名为“苏堤”。沿着苏堤，从南到北依次建有六座单孔石拱桥，分别称为映波、锁澜、望山、压堤、东浦和跨虹。南宋时，“苏堤春晓”还被列为西湖十景之首。

《西湖十景图·苏堤春晓》 ［宋］叶肖岩

lián zhě mín zhī biǎo yě

廉者，民之表也；

tān zhě mín zhī zéi yě

贪者，民之贼也。

/追本溯源/

臣闻廉者，民之表也；贪者，民之贼也。

——《乞不用赃吏》

/品思解读/

廉洁的官吏，是人民的表率；贪赃的官吏，是人民的盗贼。官吏被赋予了权力，面对的是层出不穷的诱惑，如不留意就会陷入欲望的沼泽无法脱身。所以，作为行使权力的一方，官吏更要坚守底线，廉洁奉公。

/写作运用/

写作主题：廉洁　警世　谏言

写作示范：贪婪，是腐败的温床，是走向堕落的通行证；自律，是廉洁的沃土，是为民从政的安全阀。我们作为祖国的未来，要谨记“廉者，民之表也；贪者，民之贼也”的教诲，严于律己！

|落笔生花|

廉者，民之表也；贪者，民之贼也。

|日有所得|

《乞不用赃吏》

《乞不用赃吏》是北宋名臣包拯所写的一篇奏疏，其中“乞”表示请求，而奏疏是臣子向皇帝提意见的一种文书，“乞不用赃吏”意思是请求皇帝不再任用贪官。当时的包拯身为监察御史，有监察百官的职责，面对当朝官吏收受贿赂等各种腐败现象，就写了这篇《乞不用赃吏》。文中引用两汉时期和宋太宗时期处理贪官污吏的正面事例来增加文章的说服力，具有警策与启示意义，是一篇反腐倡廉的好文章。

青瓷印花菊花碗 ［宋］

gōng zé shēng míng 公则生明，lián zé shēng wēi 廉则生威。

/追本溯源/

居官有二语曰："惟公则生明，惟廉则生威。"

——《菜根谭》

/品思解读/

做官要公正无私，只有这样才能明断是非；要廉洁奉公，这样才能获得信任，从而树立自己的威信。洪应明写在《菜根谭》中的这句话，成为后世许多人的座右铭。明代泰安知州顾景祥曾立此言为碑，以此为信条，并一生为官清正廉明。

/写作运用/

写作主题：廉洁　警世　威信

写作示范："公则生明，廉则生威"，短短八个字，却告诉我们要公正地看待事情、处理问题，才能做到明智、正确。这不仅是为官者所应坚守的准则，更是每个人规范自身行为的戒尺。

/落笔生花/

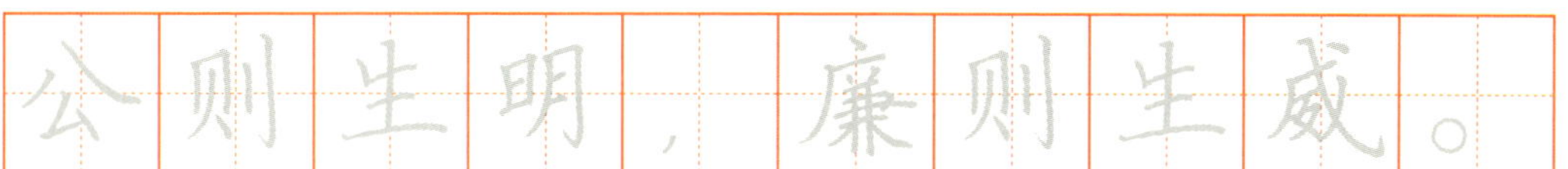

/日有所得/

《菜根谭》

《菜根谭》是明代的一部语录体著作，作者是洪应明，书名取自宋代儒者汪革“人常咬得菜根，则百事可做”这句话。《菜根谭》一书提炼了中国传统文化的精华，从社会文化心态的角度出发，意在让人们注重自身修养的提升。《菜根谭》中还流露出儒、佛、道融合的思想，是一味调整当时社会文化心态的“良方”。

《寒菜图》（局部）　［宋］徐古岩

lián zhě cháng lè wú qiú
廉者常乐无求，
tān zhě cháng yōu bù zú
贪者常忧不足。

/追本溯源/

子曰："廉者常乐无求，贪者常忧不足。"

——《中说》

/品思解读/

清廉的人没有什么贪欲奢求，所以很快乐，而贪婪的人总是因为物欲不能满足而感到忧伤。作者王通是隋朝著名的教育学家，门下弟子众多。他通过这两种不同的形象，概括出廉者与贪者两种截然不同的心理，以此告诫弟子：身居官位，应时刻保持公正廉洁，从而得到内心的安宁。

/写作运用/

写作主题： 廉洁　警世　气节

写作示范： 廉者常乐无求，贪者常忧不足。清廉的人对物质没有过多的追求，一心为公，光明磊落，这样不仅开朗乐观，还能得到别人真正的信任与尊重。而贪婪的人，想要的越多反而越不容易得到，徒增压力、痛苦，内心也常常会沮丧不安。

/落笔生花/

廉	者	常	乐	无	求	，	贪	者	常
忧	不	足	。						

/日有所得/

《中说》

《中说》又被叫作《文中子说》，可以理解为正确的学说。王通的弟子们为了纪念王通，仿照孔子弟子编纂《论语》的形式，记录下了王通讲课时的主要内容，及与众弟子、学友、时人的对话。全书共有10个部分，分别为王道篇、天地篇、事君篇、周公篇、问易篇、礼乐篇、述史篇、魏相篇、立命篇和关朗篇。《中说》也是后人研究王通思想以及隋唐之际思想发展的重要依据和参考。

桂台镜 ［隋］

素材天地

“强项令”董宣

董宣是东汉时期一位颇有名望的清官。他一生为官清正廉洁，秉公执法，不畏强暴。

东汉光武帝刘秀时期，居住在京城洛阳的皇亲国戚骄奢淫逸，专横跋扈，他们的家奴也多胡作非为，京城百姓敢怒不敢言。为了扭转这一局面，光武帝特召董宣为洛阳令，以约束皇亲权贵们的不法行为。

有一回，光武帝的姐姐湖阳公主的心腹家奴犯了事，董宣亲自带人拦截公主的车，处置这个家奴。湖阳公主向光武帝告状，刘秀便要处死董宣。董宣说：“陛下以德政和威望复兴汉朝天下。如今，纵容湖阳公主的仆人杀害良民，还要处死忠实执法之臣，这将如何治理天下？陛下何须用杖处死臣，臣请自死。”说完便以头撞柱，撞得血流满面。刘秀为董宣敢直言不惧死的精神感动，便要他向公主叩头谢罪了事。董宣却坚决不低头。刘秀很赞赏他的精神，赐其“强项令”（意为硬脖子县令）的美誉。

学以致用

判断下列说法是否正确。

1. 古诗中常见到的“鸿毛”实际就是大雁的羽毛。（　　）
2. 沿着苏堤，从南到北依次建有映波、锁澜、赵州、压堤、东浦和跨虹六座石拱桥。（　　）
3. 奏疏是古代臣子向皇帝提意见的一种文书。（　　）